Gobernanza de reguladores

Impulsando el desempeño del Regulador de los servicios de agua y saneamiento de Perú

Tanto este documento, así como cualquier dato y cualquier mapa que se incluya en él, se entenderán sin perjuicio respecto al estatus o la soberanía de cualquier territorio, a la delimitación de fronteras y límites internacionales, ni al nombre de cualquier territorio, ciudad o área.

Los datos estadísticos para Israel son suministrados por y bajo la responsabilidad de las autoridades israelíes competentes. El uso de estos datos por la OCDE es sin perjuicio del estatuto de los Altos del Golán, Jerusalén Este y los asentamientos israelíes en Cisjordania bajo los términos del derecho internacional.

Nota de Turquía

La información del presente documento en relación con "Chipre" se refiere a la parte sur de la Isla. No existe una sola autoridad que represente en conjunto a las comunidades turcochipriota y grecochipriota de la Isla. Turquía reconoce a la República Turca del Norte de Chipre (RTNC). Mientras no haya una solución duradera y equitativa en el marco de las Naciones Unidas, Turquía mantendrá su postura frente al "tema de Chipre".

Nota de todos los Estados Miembros de la Unión Europea que pertenecen a la OCDE y de la Unión Europea
Todos los miembros de las Naciones Unidas, con excepción de Turquía, reconocen a la República de Chipre. La información contenida en el presente documento se refiere a la zona sobre la cual el Gobierno de la República de Chipre tiene control efectivo.

Por favor, cite esta publicación de la siguiente manera:
OECD (2022), *Impulsando el desempeño del Regulador de los servicios de agua y saneamiento de Perú*, Gobernanza de reguladores, OECD Publishing, Paris, https://doi.org/10.1787/228ea50e-es.

ISBN 978-92-64-69247-3 (impresa)
ISBN 978-92-64-70412-1 (pdf)

Gobernanza de reguladores
ISSN 2522-2198 (impresa)
ISSN 2522-2201 (en línea)

Publicado originalmente por la OCDE en inglés con el título: OECD (2022), *Driving Performance at Peru's Water and Sanitation Services Regulator*, The Governance of Regulators, OECD Publishing, Paris, https://doi.org/10.1787/89f3ccee-en.
Esta traducción ha sido encargada por la OCDE. En caso de discrepancia entre la publicación original en inglés y su traducción, sólo se considerará válido el texto de la publicación original.

Imágenes: Portada © Leigh Prather - Fotolia.com; © Mr.Vander - Fotolia.com; © magann - Fotolia.com.

Las erratas de las publicaciones se encuentran en línea en: www.oecd.org/about/publishing/corrigenda.htm.
© OCDE 2022

El uso del contenido del presente trabajo, tanto en formato digital como impreso, se rige por los términos y condiciones que se encuentran disponibles en: https://www.oecd.org/termsandconditions.

Prólogo

La función de los reguladores económicos es fundamental para garantizar la asequibilidad, la calidad y la accesibilidad de los servicios esenciales, como el agua y el saneamiento. Los riesgos son altos: las medidas tomadas por los reguladores afectan de manera directa los servicios prestados a los consumidores y pueden tener implicaciones sociales y ambientales importantes. Las perturbaciones exógenas, como la pandemia de COVID-19, dificultan aún más el equilibrio en la prestación de dichos servicios. Se espera que los reguladores económicos ofrezcan estabilidad a los mercados y a los inversionistas, y que elaboren regulaciones dirigidas a proteger el interés público sin impedir la innovación. Una buena gobernanza es imprescindible para garantizar la eficacia del regulador y apoyar la obtención de mejores servicios, especialmente en tiempos de cambio.

En la última década, Perú asignó un carácter prioritario a la seguridad del agua en su agenda política, pero los problemas de gobernanza de tipo más general pusieron en peligro la continuidad y la ejecución de las políticas públicas. La agitación política y social experimentada en tiempos recientes repercutió en la implementación eficaz de las políticas públicas, incluyendo las de agua y saneamiento. Con invitación del propio regulador, este informe realiza una aplicación del Marco de Evaluación del Desempeño de los Reguladores Económicos (PAFER, por sus siglas en inglés) de la OCDE al regulador económico de los servicios de agua y saneamiento de Perú, la Superintendencia Nacional de Servicios de Saneamiento (Sunass).

Según la evaluación del PAFER, la Sunass es un regulador técnicamente sólido y ambicioso que avanza con firmeza en la mejora de las prácticas regulatorias y en el cumplimiento de un mandato ampliado. El regulador opera en un contexto difícil que complica la urgente tarea de incrementar el acceso a los servicios de agua potable y saneamiento. El informe recomienda que la Sunass comunique de forma proactiva los riesgos y las expectativas involucrados, y amplíe su conjunto de herramientas regulatorias para promover el cambio de comportamiento. Para ello, será necesario que consolide su transformación institucional, actualice su identidad y su cultura, y refuerce la colaboración y la coordinación externas entre todas sus oficinas regionales, así como con los principales actores del sector.

La OCDE desarrolló el marco PAFER para ayudar a los reguladores a evaluar y reforzar su desempeño organizacional y su estructura de gobierno. El marco, basado en los Principios de Buenas Prácticas de la OCDE sobre la Gobernanza de los Reguladores, analiza la gobernanza interna y externa de dichos órganos, incluidas su estructura organizacional, comportamiento, rendición de cuentas, procesos, presentación de informes y gestión del desempeño, así como la claridad de sus funciones, relaciones y distribución de poderes y responsabilidades con otras partes interesadas gubernamentales y no gubernamentales.

Este informe se basa en el trabajo realizado por la OCDE sobre el sector del agua en Perú, en particular el Diálogo sobre Políticas de Gobernanza del Agua en Perú, sostenido durante dos años y dirigido por el Centro de la OCDE para el Emprendimiento, las Pymes, las Regiones y las Ciudades (CFE), el cual culminó con la publicación en marzo de 2021 del informe *Gobernanza del Agua en Perú*.

Este informe forma parte del programa de trabajo de la OCDE sobre gobernanza de los reguladores y política regulatoria, dirigido por la Red de Reguladores Económicos y el Comité de Política Regulatoria de la OCDE, con el apoyo de la División de Política Regulatoria de la Dirección de Gobernanza Pública y Desarrollo Territorial de la OCDE. La misión de la Dirección es ayudar a los gobiernos de todos los niveles a formular y aplicar políticas estratégicas, innovadoras y basadas en evidencias que apoyen el desarrollo económico y social sostenible. El informe se presentó a la Red de Reguladores Económicos de la OCDE en su 17ª reunión, celebrada en noviembre de 2021, para obtener sus comentarios y su aprobación. El 4 de enero de 2022 se desclasificó mediante un procedimiento establecido por escrito por el Comité de Política Regulatoria. El Secretariado se encargó de prepararlo para su publicación.

Agradecimientos

Este informe fue elaborado por la Dirección de Gobernanza Pública (GOV) de la OCDE, bajo la dirección y con el impulso y apoyo de Elsa Pilichowski, Directora; János Bertók, Director Adjunto, y Nick Malyshev, Jefe de la División de Política Regulatoria, GOV. Martha Baxter y Vincent van Langen se encargaron de la coordinación y redacción, con importantes aportaciones de Alberto Morales y Roberto Arana Fierros, bajo la dirección y supervisión de Anna Pietikainen. Ana Simion realizó el trabajo preparatorio inicial. Nick Malyshev, Florentin Blanc y Alberto Morales, de GOV, hicieron comentarios de gran importancia.

Jennifer Stein coordinó el proceso editorial y Andrea Uhrhammer apoyó en la edición. Johanna Palmi prestó apoyo administrativo. La traducción del informe al español fue realizada por Gilda Moreno Manzur.

En el equipo colaboraron tres revisores pares, que participaron en una misión virtual sobre política pública en Perú y aportaron opiniones y comentarios durante el desarrollo del estudio: Andrea Guerrini, Comisario de la Autoridad Reguladora de la Energía, las Redes y el Medio Ambiente de Italia (ARERA); Sanford Berg, Profesor Emérito de Economía de la Universidad de Florida, y Maria Cristina Portugal, Presidenta de la Autoridad Reguladora de los Servicios de Energía de Portugal (ERSE). El equipo rinde aquí un homenaje especial a Maria Cristina Portugal, que falleció en septiembre de 2021, y agradece a sus colegas de ERSE —en especial a Mariana Pereira, integrante del Consejo Directivo, a Natalie McCoy, Jefa de Asuntos Internacionales, y a Ana Filipa Santos, de Asuntos Internacionales— por su apoyo en la preparación y continuación de la participación de ERSE en el estudio.

El informe no habría podido elaborarse sin el apoyo de la Sunass y su personal. El equipo agradece en particular la valiosa ayuda en la recopilación de datos e información, el apoyo y la flexibilidad para organizar y llevar a cabo las misiones del equipo a distancia, así como los comentarios en diferentes etapas del proyecto, de los siguientes colegas: Iván Lucich Larrauri, Presidente Ejecutivo; Ana María Fox Joo, Lucy Henderson Palacios, Lucía Delfina Ruiz Ostoic, Richard Alberto Navarro Rodríguez, miembros del Consejo Directivo; José Manuel Zavala Muñoz, Director General; y Roger Loyola Gonzales, Asesor de la Dirección General. Asimismo, nuestro reconocimiento a quienes participaron en las entrevistas durante el proceso de investigación, integrantes de los diversos departamentos de la Sunass, el gobierno, la industria y las partes interesadas de la sociedad civil, que contribuyeron al análisis presentado en el informe.

Índice

Acrónimos y abreviaturas	8
Resumen ejecutivo	11
1 Evaluación y recomendaciones	**14**
Introducción	15
Función y objetivos	15
Insumos	28
Proceso	36
Rendimiento y resultados	48
Nota	55
Referencias	55
2 Contexto regulatorio y sectorial	**57**
Marco institucional	58
Panorama del sector	61
Legislación y reformas	65
Notas	68
Referencias	68
3 Gobernanza de Sunass	**70**
Función y objetivos	71
Insumos	83
Proceso	93
Productos y resultados	105
Notas	109
Referencias	111
Anexo A. Metodología	112

Cuadros

Cuadro 1.1. Objetivos estratégicos de la Sunass analizados en el marco de insumos, procesos, productos y resultados de la OCDE	23
Cuadro 1.2. Fuentes de ingresos de la Sunass, 2015-2020	28
Cuadro 1.3. Rotación de personal, 2017-2020	32
Cuadro 1.4. Medidas basadas en la categorización del riesgo	43
Cuadro 1.5. Indicadores y metas relacionados con los objetivos estratégicos de la Sunass	53
Cuadro 3.1. Facultades de la Sunass	74

Cuadro 3.2. Coordinación con otras entidades públicas a nivel nacional	76
Cuadro 3.3. Coordinación con otras entidades públicas a nivel subnacional	79
Cuadro 3.4. Objetivos estratégicos, indicadores y metas de la SUNASS, PEI 2020-24	81
Cuadro 3.5. Fuentes de ingresos	83
Cuadro 3.6. Presupuesto anual por área (2021)	85
Cuadro 3.7. Personal de Sunass por categoría, 2017-2020	86
Cuadro 3.8. Personal de Sunass por departamento, 2020	87
Cuadro 3.9. Personal de la Sunass	87
Cuadro 3.10. Equilibrio de género en la fuerza laboral	88
Cuadro 3.11. Rotación del personal, 2017-2020	90
Cuadro 3.12. Fiscalizaciones, 2020	98
Cuadro 3.13. Apelaciones contra resoluciones de la Sunass sobre regulaciones, sanciones y fijación de tarifas	105
Cuadro 3.14. Indicadores de evaluación comparativa para los prestadores de servicios	107
Cuadro 3.15. Indicadores de desempeño de la Sunass	108
Cuadro A A.1. Criterios para evaluar el propio marco de desempeño de los reguladores	115

Gráficas

Gráfica 2.1 Instituciones públicas de Perú	58
Gráfica 2.2 Estructura del Poder Ejecutivo del gobierno peruano	59
Gráfica 2.3 Acceso al agua y al saneamiento en Perú, 2019	61
Gráfica 2.4 Estructura del mercado de proveedores de servicios de agua y saneamiento	64
Gráfica 2.5 Actividades para la modernización del sector del agua - SUNASS, MVCS y OTASS	67
Gráfica 3.1. Número de operadores del servicio de agua activos en el sector del agua y alcantarillado supervisados por los reguladores de agua	71
Gráfica 3.2. Estructura organizacional de Sunass	91
Gráfica A A.1. Principios de las mejores prácticas de la OCDE en materia de gobernanza de los reguladores	114
Gráfica A A.2. Marco de insumos-proceso-rendimiento-resultados para los indicadores de desempeño	116

Acrónimos y abreviaturas

ACC	Adaptación al Cambio Climático
ADERASA	Asociación de Entes Reguladores de Agua y Saneamiento de las Américas)
AIRHSP	Aplicativo Informático para el Registro Centralizado de Planillas y de Datos de los Recursos Humanos
ANA	Autoridad Nacional de Agua
APCI	Agencia Peruana de Cooperación Internacional
ATM	Áreas Técnicas Municipales
CAP	Cuadro para Asignación de Personal
CAP-P	Cuadro para Asignación de Personal Provisional
CAS	Contratación Administrativa de Servicios
CEPLAN	Centro Nacional de Planeamiento Estratégico
CGR	Contraloría General de la República del Perú
CU	Consejo de Usuarios
DAP	Dirección de Ámbito de la Prestación
DATASS	Sistema de Diagnóstico sobre Abastecimiento de Agua y Saneamiento en el Ámbito Rural
DF	Dirección de Fiscalización
DGAA	Dirección General de Asuntos Ambientales
DIGESA	Dirección General de Salud Ambiental
DPN	Dirección de Políticas y Normas
DRT	Dirección de Regulación Tarifaria
DS	Dirección de Sanciones
DU	Dirección de Usuarios
ENAPRES	Encuesta Nacional de Programas Presupuestales
EPs	Empresas Prestadoras del Servicio de Saneamiento
GRD	Gestión del Riesgo de Desastres
IGPSS	Índice de Gestión de la Prestación de los Servicios de Saneamiento
INACAL	Instituto Nacional de Calidad
INAIGEM	Instituto Nacional de Investigación en Glaciares y Ecosistemas de Montaña
INDECOPI	Instituto Nacional de Defensa de la Competencia y de la Protección de la Propiedad Intelectual
INEI	Instituto Nacional de Estadística e Informática
JASS	Junta Administradora de Servicios de Saneamiento

LMOR	Ley Marco de los Organismos Reguladores de la Inversión Privada en los Servicios Públicos
MAV	Valores máximos permisibles
MEF	Ministerio de Economía y Finanzas
MERESE	Mecanismos de Retribución por Servicios Ecosistémicos
MINAM	Ministerio del Ambiente
MINSA	Ministerio de Salud
MOF	Manual de Organización y Funciones
MPL	Límites máximos permisibles
MTPE	Ministerio de Trabajo y Promoción del Empleo
MVCS	Ministerio de Vivienda, Construcción y Saneamiento
OAF	Oficina de Administración y Finanzas
OAJ	Oficina de Asesoría Jurídica
OCI	Órgano de Control Institucional
OCII	Oficina de Comunicaciones e Imagen Institucional
ODS	Oficinas Descentralizadas
OECD	Organización para la Cooperación y el Desarrollo Económicos
OEFA	Organismo de Evaluación y Fiscalización Ambiental
OEI	Objetivos Estratégicos Institucionales
OPPM	Oficina de Planificación, Presupuesto y Modernización
OSINERGMIN	Organismo Supervisor de la Inversión en Energía y Minería
OSIPTEL	Organismo Supervisor de Inversión Privada en Telecomunicaciones
OTASS	Organismo Técnico de la Administración de los Servicios de Saneamiento
OTI	Oficina de Tecnologías de Información
PCC	Plan de Control de Calidad del Agua
PCM	Presidencia del Consejo de Ministros
PDP	Plan de Desarrollo de las Personas
PEI	Plan Estratégico Institucional
PESEM	Plan Estratégico Sectorial Multianual
PIA	Presupuesto Institucional de Apertura
PIM	Presupuesto Institucional Modificado
POI	Plan Operativo Institucional
PPP	Asociación público privada
PROINVERSIÓN	Agencia de Promoción de la Inversión Privada
PSE	Pagos por Servicios Ecosistémicos
RAT	Régimen de Apoyo Transitorio
RegWAS-LAC	Programa de Mejora de las Políticas Públicas y la Regulación de los Servicios de Agua y Saneamiento en América Latina y el Caribe
RIA	Análisis de Impacto Regulatorio
ROF	Reglamento de Organización y Funciones
RREE	Ministerio de Relaciones Exteriores

SENAMHI	Servicio Nacional de Meteorología e Hidrología del Perú
SERVIR	Autoridad Nacional del Servicio Civil
SIAF	Sistemas Integrados de Administración Financiera
SIAS	Sistema de Información de Agua y Saneamiento
SICAP	Sistema de Captura y Transferencia de Datos
SIIGEPSS	Sistema de Indicadores e Índices de la Gestión de los Prestadores de los Servicios de Saneamiento
SNC	Sistema Nacional de Control
Sunass	Superintendencia Nacional de Servicios de Saneamiento
TRASS	Tribunal Administrativo de Solución de Reclamos de los Usuarios de los Servicios de Saneamiento
TSC	Tribunal de Solución de Controversias
WSS	Servicios de agua y saneamiento

Resumen ejecutivo

La Superintendencia Nacional de Servicios de Saneamiento (Sunass) es el regulador económico independiente de Perú en materia de agua potable, tratamiento de aguas residuales y disposición sanitaria de desechos. El contexto nacional y sectorial en el que opera el regulador es difícil: solo el 51% de la población tiene acceso a servicios de agua potable gestionados de forma segura.

Desde que se estableció en 1992, la Sunass se ha consolidado como un regulador sólido, con alta capacidad técnica. Su mandato fue ampliado en 2016. De su responsabilidad original — regular a las 50 empresas prestadoras de servicios de agua y saneamiento en el ámbito urbano del país —, ahora su nuevo ámbito de competencia abarca a más de 25 000 proveedores en todo el territorio nacional. Asimismo, se le asignaron nuevas tareas, algunas de las cuales trascienden las funciones básicas de regulación, que son comunes entre el resto de los órganos reguladores sectoriales en el Perú. Para responder a estos cambios, la Sunass emprendió una importante transformación institucional, que incluye el establecimiento de 24 oficinas regionales.

De cara al futuro, es conveniente que la Sunass colabore de forma proactiva con las partes interesadas para gestionar los riesgos y las expectativas relacionadas con la ejecución del mandato ampliado del regulador, mejorar la claridad de las funciones e identificar las áreas en las que incrementar la colaboración y la coordinación podría contribuir a lograr los objetivos de política pública. Es fundamental contar con un conjunto de herramientas regulatorias adecuadas para garantizar los incentivos apropiados que impulsen el desempeño del sector y aumentar el impacto del regulador. Además, una identidad y una cultura consolidadas pueden garantizar la congruencia de los modelos en toda la organización ya reformada y mejorar la eficacia.

Gestionar los riesgos y las expectativas

Al supervisar un sector complejo en el que el acceso a servicios gestionados de forma segura es escaso, la Sunass fiscaliza un rango amplio y heterogéneo de proveedores que suelen caracterizarse por su escasa sostenibilidad financiera y su falta de cultura de cumplimiento.

La atribución de nuevas funciones y la ampliación del ámbito de competencia del regulador para abarcar a pequeñas ciudades y zonas rurales, dan fe de la buena reputación de la Sunass. Sin embargo, la tarea es enorme y las políticas gubernamentales fijaron objetivos ambiciosos para el sector del agua y saneamiento. Sus nuevas funciones han captado gran parte de la atención del regulador, que se esfuerza por ponerlas en marcha antes de 2022, el plazo fijado en la legislación. Dicha tarea resulta aún más difícil debido al inestable contexto político y a la disrupcióncausada por la pandemia de COVID-19.

Recomendaciones clave

- Como regulador independiente, evaluar y participar con los actores interesados en lo referente a afrontar los riesgos relativos al cumplimiento de sus nuevas funciones y gestionar las expectativas de la implementación, en un contexto de la disminución de recursos y una pandemia en curso.

- Examinar la ejecución de las funciones de la Sunass para priorizar las actividades esenciales y garantizar que se destinen recursos suficientes a la mejora del desempeño de los proveedores urbanos.

Asegurar el uso de herramientas regulatorias adecuadas

Las funciones de la Sunass incluyen: fiscalizar a las entidades reguladas, fijar tarifas, emitir reglamentos, aplicar sanciones a operadores y resolver conflictos y reclamaciones. Su evaluación comparativa de los proveedores representa una poderosa herramienta para estimular el desempeño del sector y el regulador está en proceso de mejorar su uso del Análisis de Impacto Regulatorio.

Sin embargo, las funciones, competencias y herramientas del regulador no siempre se ajustan a las necesidades y características del sector, como el bajo desempeño y la resistencia de los consumidores a pagar las tarifas. El regulador dispone de pocas herramientas para fomentar un mejor desempeño, y la gestión del 38% de las empresas prestadoras en el ámbito urbano ha sido asumida temporalmente por un organismo técnico estatal, lo que podría afectar la capacidad del sector en el largo plazo. Las sanciones monetarias suelen resultar ineficaces para cambiar el comportamiento de los operadores.

Recomendaciones clave

- Garantizar que se cuente con las herramientas adecuadas que estimule el cambio de comportamiento y tome en cuenta los retos y las especificaciones del sector, incluyendo modelos basados en el riesgo y en el comportamiento.
- Aumentar el valor agregado de la participación de los actores interesados mediante estrategias de comunicación específicas y consejos de usuarios empoderados y representativos.
- Aprovechar al máximo los datos de la evaluación comparativa para poder ofrecer orientación fácil de entender sobre la interpretación de los indicadores clave de desempeño que ayude a los consumidores a exigir a los operadores que rindan cuentas.

Consolidar la transformación institucional

La Sunass ha respondido a la asignación de sus nuevas funciones y a la ampliación de su mandato poniendo en marcha una transformación institucional significativa. El organismo es digno de elogio por haber establecido sus 24 oficinas descentralizadas en corto tiempo. Con la transformación, la Sunass podrá elevar su eficacia al acercarse a los operadores, consumidores y socios locales.

La Sunass sigue desarrollando capacidad en las oficinas descentralizadas a medida que delega las funciones de las oficinas centrales. La congruencia en las prácticas aplicadas en todas las oficinas será importante en términos del impacto y la previsibilidad del cumplimiento regulatorio. Sin embargo, los protocolos para sostener una comunicación centralizada en todas las líneas jerárquicas pueden entorpecer este proceso.

Recomendaciones clave

- Actualizar la "identidad y la cultura de Sunass" de un regulador económico independiente en la sede central y en las oficinas descentralizadas.
- Impartir formación para desarrollar los conocimientos del personal de las oficinas descentralizadas y aumentar el nivel de interacción entre los miembros del personal de todas las oficinas, con el fin de intercambiar información y garantizar la congruencia en la ejecución de las actividades regulatorias.

Colaborar y garantizar la coordinación

La Sunass se ha consolidado como un actor clave para lograr la coordinación a nivel subnacional y, según muchas partes interesadas, es un socio abierto y colaborador. La Sunass impulsa a las áreas técnicas municipales (ATM) a colaborar con los proveedores rurales. Las ATM desempeñan una función crucial que podría aumentar el ámbito de competencia del regulador a todos los proveedores rurales.

Sin embargo, un gran número de instituciones están involucradas en lograr objetivos de la política sectorial y no se cuenta con los mecanismos adecuados de coordinación de alto nivel. La falta de claridad en las funciones entorpece el logro de los objetivos sectoriales.

Recomendaciones clave

- Abogar por la creación de reuniones periódicas institucionalizadas para la coordinación de alto nivel entre todas las autoridades públicas del sector del agua y saneamiento, con el fin de elevar la transparencia, aclarar las funciones y construir una visión compartida del sector y la confianza entre las instituciones.
- Coordinar esfuerzos en ámbitos en los que alcanzar los objetivos estratégicos de la Sunass y de las metas de la política sectorial dependa de la actuación de otras autoridades públicas, por ejemplo en materia de inspecciones.
- Promover el intercambio de datos y la recopilación colectiva de datos con otros organismos públicos del sector.

1 Evaluación y recomendaciones

En este capítulo se resumen las principales conclusiones y recomendaciones del estudio del Marco de Evaluación del Desempeño de los Reguladores Económicos (PAFER, por sus siglas en inglés) del regulador de los servicios de agua y saneamiento de Perú, la Superintendencia Nacional de Servicios de Saneamiento (Sunass). Las recomendaciones, cuyo propósito es reforzar el desempeño organizacional y la estructura de gobernanza del regulador, se dividen en medidas a corto, mediano y largo plazos.

Introducción

La Superintendencia Nacional de Servicios de Saneamiento (Sunass) es el regulador económico de Perú para los servicios de saneamiento que incluyen el agua potable, el tratamiento de las aguas residuales y la eliminación sanitaria de las excretas. Creado en 1992, es uno de los cuatro reguladores económicos del sector en Perú.

La Sunass, un regulador ambicioso y técnicamente sólido, requiere gestionar los riesgos y las expectativas sobre lo que puede lograrse en un contexto nacional y sectorial difícil. Las políticas y los planes del Gobierno han establecido objetivos de gran exigencia en materia de saneamiento. En 2016, una nueva ley marco para el sector amplió el ámbito de las competencias del regulador para incluir la regulación y la fiscalización de los prestadores de servicio en ciudades pequeñas y zonas rurales, así como incorporar diversas funciones adicionales. En fecha más reciente, la pandemia de COVID-19 provocó más trastornos. Como regulador independiente y experto técnico del sector, la Sunass está capacitada para evaluar y comunicar qué objetivos políticos pueden alcanzarse en el corto, mediano y largo plazos, y cómo hacerlo.

De cara al futuro, el regulador deberá proporcionar un conjunto de herramientas adecuadas que fomenten el cambio de comportamiento de los operadores y los usuarios para abordar el rendimiento del sector. A partir de sus conocimientos expertos, puede, por ejemplo, aumentar el uso de herramientas e intervenciones basadas en el comportamiento, utilizar más enfoques basados en el riesgo, así como considerar la actualización del diseño del modelo tarifario. Estas iniciativas podrían mejorar los incentivos para el desempeño del sector y elevar el impacto de la Sunass.

Al asumir sus nuevas responsabilidades, la Sunass puso en marcha una importante transformación institucional que ahora debe consolidarse. En concordancia con su nuevo mandato, el regulador estableció 24 oficinas regionales. Con esta medida, calificada como positiva, podrá elevar su eficacia, ya que esto le permitirá acercarse a los operadores y consumidores de todo el territorio. De cara al futuro, este nuevo modelo organizacional requiere que el regulador consolide su cultura institucional y garantice la congruencia de sus planteamientos. Para ello, habrá de seguir reforzando la capacidad de las oficinas descentralizadas y garantizar una comunicación fluida y el intercambio de conocimientos entre los equipos de las oficinas centrales y las regiones.

En última instancia, la urgente tarea de aumentar el acceso a los servicios de agua potable y saneamiento requiere que los actores trabajen en forma congruente y coordinada. Un gran número de autoridades públicas intervienen en el sector del agua y saneamiento a nivel nacional y subnacional. Por ejemplo, se señala que incrementar el intercambio y la accesibilidad de los datos es un requerimiento específico para asegurar una acción pública más eficaz para el sector. La Sunass es un actor institucional fuerte en él por su capacidad técnica que tiene la posibilidad de catalizar el cambio y hacer aportaciones útiles al proceso de formulación de políticas; sin embargo, es preciso tener mayor claridad de funciones para aprovechar este potencial.

Función y objetivos

Mandato

Una reciente reforma legislativa transformó radicalmente la función de la Sunass, que pasó de prestar servicio únicamente a las principales zonas urbanas a cubrir todo el territorio nacional. Durante los primeros 25 años después de su fundación en 1992, la Sunass reguló a las 50 Empresas Prestadoras del Servicio de Saneamiento (EPS) de Perú que operaban en las zonas urbanas más grandes del país. En 2016, la Ley Marco de la Gestión y Prestación de los Servicios de Saneamiento (denominada en adelante Ley Marco 1280) amplió el ámbito de competencia del regulador e incluyó, además del trabajo continuo con las 50 EPS, la supervisión de 450 operadores en ciudades pequeñas y de más de 25 000 prestadores de servicios en zonas rurales, con el fin de garantizar la calidad y la sostenibilidad financiera del servicio. Por otra parte, asignó al regulador diversas funciones adicionales. La Ley Marco 1280 define como objetivo de alto nivel de la Sunass el "garantizar a los usuarios la prestación de servicios de saneamiento, en las zonas urbanas y rurales, en condiciones de calidad, con el fin de contribuir a la salud de la población y a la preservación del medio ambiente". Para lograr dichos objetivos, el regulador fija las tarifas, emite la regulación y fiscaliza la prestación de servicios de saneamiento por parte de los proveedores; de tal forma, se le reconoce como un experto técnico e independiente en el sector.

La ampliación del ámbito de competencia del regulador para atender a ciudades pequeñas y zonas rurales es una tarea de enormes proporciones que requerirá que la Sunass gestione minuciosamente las expectativas de lo que puede lograrse en el corto, mediano y largo plazos. Tras la reforma de 2016, la Sunass se ocupa de supervisar a una mezcla heterogénea de miles de prestadores de servicios con diferentes capacidades, cobertura, tipos de conexiones de red y contextos locales. Es importante mencionar que esto distingue al organismo de la mayoría de los reguladores del servicio de agua a nivel mundial (OECD, 2021[1]). Muchos operadores, incluso algunos de los históricamente regulados por la Sunass, no cumplen con los estándares básicos de sostenibilidad financiera y, en términos generales, el desempeño del sector es deficiente. Según datos disponibles sobre el Objetivo de Desarrollo Sostenible 6, los resultados son alarmantes: (UN-Water, 2020[2]), en Perú, el acceso a la prestación de servicios al menos básicos es del 93% en el caso del agua potable y del 79% en el saneamiento; el acceso a servicios gestionados de forma segura es inferior: 51% en agua potable y 53% en saneamiento. Estas cifras también ocultan una clara brecha entre las zonas rurales y las urbanas. La existencia de un gran sector informal —incluidos muchos prestadores de servicios sin registro ni licencia— limita el alcance de la regulación, lo cual se agrava al sumarse los intentos de interferencia política en la fijación de tarifas a nivel local (Felgendreher and Lehmann, 2015[3]). Las nuevas responsabilidades absorbieron gran parte de la atención del regulador, que trabaja arduamente para aplicarlas antes de 2022, el plazo fijado en la legislación.

Los trastornos causados por la pandemia de COVID-19 complicaron aún más la tarea. Las restricciones a los desplazamientos dificultaron la participación de nuevas partes interesadas en todas las zonas rurales del país. A manera de respuesta, el regulador cambió muchas actividades para realizarlas en línea (por ejemplo, impartir sesiones virtuales de formación a los prestadores rurales, celebrar videoconferencias para los consumidores), pero dichas herramientas no son accesibles para todos, en especial para los consumidores vulnerables de zonas alejadas y rurales. En general, los recursos se priorizaron para responder a la emergencia sanitaria en detrimento de algunas actividades planificadas. La pandemia también debilitó aún más al sector. A las EPS se les permitió utilizar sus fondos de reserva para responder a la emergencia sanitaria (por ejemplo, para brindar soluciones fuera de la red que garanticen el acceso a agua para lavarse las manos). Al agotarse los fondos, pasan a primer plano los aspectos de sostenibilidad financiera y resiliencia a cualquier choque futuro.

Recomendaciones

En el corto plazo:

- **Evaluar e interactuar con las partes interesadas.** Con respecto a los riesgos relacionados con el cumplimiento de las nuevas responsabilidades y gestionar las expectativas a medida que se acerca la fecha límite de 2022 para implementarlas, en el contexto de limitación de recursos y la pandemia de COVID-19. Como regulador independiente y experto técnico en el sector, la Sunass está bien posicionada para evaluar hasta qué grado son alcanzables los objetivos de política en el corto, mediano y largo plazos. La Sunass podría:

- o Supervisar el desempeño, en particular, en lo correspondiente a la aplicación de las nuevas responsabilidades y funciones. El regulador tiene que evaluar qué funciona bien y qué no está generando los resultados deseados en lo que respecta a cambiar el comportamiento de los operadores o los consumidores, así como los resultados más generalizados del sector, como el acceso al servicio, la calidad del agua y la sostenibilidad financiera.
- o Dejar clara la posible compensación entre la expansión de la red y la mejora de la calidad del servicio en un entorno de escasez de recursos de inversión, y comunicar con claridad la estrategia del regulador para gestionar tal compensación.
- o Comunicar con precisión a las principales partes interesadas y al público en general cuáles son los riesgos que se corren; desarrollar escenarios que indiquen qué objetivos pueden alcanzarse en el corto, mediano y largo plazos, e interactuar con los actores en dichos escenarios con miras a acordar metas y objetivos conjuntos para el sector.
- **Actualizar** la identidad, la visión y la misión de la Sunass, con miras a mantener un sentido de propósito común para el personal a nivel interno y comunicar un mensaje claro a las partes interesadas externas que refleje las nuevas responsabilidades y funciones que el organismo ha asumido en los últimos años y la transformación institucional que tuvo lugar.

En el mediano plazo:

- **Equiparar** la reforma de la función y el ámbito de actuación de la Sunass con la consolidación del impulso de transformación institucional, utilizando como guía la nueva identidad y la declaración de visión.
  - o Mantener bajo revisión la capacidad, las competencias y las facultades de la Sunass, las cuales ya evolucionaron como consecuencia de la ampliación del alcance y las funciones del regulador. La Sunass deberá revisarlas constantemente a la vista de su desempeño en el cumplimiento de sus nuevas responsabilidades.

Funciones y facultades

Las funciones, facultades y herramientas del regulador no siempre coinciden con las necesidades y características del sector, por ejemplo la resistencia a pagar las tarifas. La Ley Marco de los Organismos Reguladores de la Inversión Privada en los Servicios Públicos (Ley 27332 o LMOR) otorga a la Sunass, al igual que sucede con todos los reguladores peruanos del sector, las funciones de fiscalización, fijación de tarifas, emisión de regulaciones, fiscalización de la actividad de los sujetos regulados, sanción a los operadores y solución de controversias y reclamos. Sin embargo, el desempeño general del sector es deficiente y el regulador dispone de pocas herramientas capaces de estimular su optimización. Debido a su bajo desempeño, 19 de las 50 EPS forman parte del "Régimen de Apoyo Transitorio", en el que el Organismo Técnico de la Administración de los Servicios de Saneamiento (OTASS) asume el control de la gestión de la prestadora de servicios. En términos más generales, se aprecia una importante resistencia a pagar por los servicios de agua y, por tanto, a poner en práctica las resoluciones en materia tarifaria. En consecuencia, las tarifas no se fijan a un nivel suficiente para contribuir a la inversión en la mejora y ampliación de la infraestructura. Dada la enorme inversión requerida para lograr los objetivos nacionales de acceso al agua y al saneamiento, la función de fijación de tarifas de la Sunass es fundamental para el éxito en su desempeño.

Atribución de nuevas funciones demuestra la reputación de la Sunass como agencia con solidez técnica, pero el regulador tendrá que asegurarse de asignar los recursos con miras a lograr los objetivos prioritarios del sector. Las recientes reformas asignan a la Sunass diversas tareas nuevas que trascienden las funciones básicas de regulación compartidas por todos los reguladores peruanos del sector. Las nuevas responsabilidades incluyen definir el área geográfica que los servicios públicos deben cubrir y promover los Mecanismos de Retribución por Servicios Ecosistémicos (MERESE), entre otras. La

Sunass ha invertido mucha energía y recursos para hacerse cargo de sus nuevas funciones y otras instituciones públicas la han reconocido como "aliado estratégico" por su trabajo. Sin embargo, entre las numerosas funciones de la Sunass también será importante seguir estimulando el desempeño de las 50 EPS que sirven a las zonas urbanas más grandes del país. En este ámbito aún se enfrenta a un número considerable de retos: habilitar y estimular a las EPS para que mejoren sus resultados financieros y aborden los problemas de calidad en la prestación del servicio, como las bajas de la presión del agua, la contaminación y la falta de acceso a los servicios de agua potable y saneamiento. Estas medidas redundarían en mejores resultados generales para los consumidores.

La transición a un nuevo modelo de fijación de tarifas requiere un proceso de transición gradual basado en expectativas realistas. En la actualidad, los aumentos de las tarifas se relacionan con la consecución de los objetivos regulatorios. La Sunass está implementando un enfoque de empresa modelo "adaptada" para la fijación de tarifas, de conformidad con lo estipulado en la Ley Marco 1280. En esta transición, debe procurarse evitar cambios drásticos mientras se pasa de un enfoque basado en los costos al nuevo enfoque. Durante esta transición, las necesidades de tener ingresos deberán armonizar con las mejoras realistas de las operaciones, y los cobros deberán generar flujos de efectivo que permitan a los operadores alcanzar los objetivos regulatorios en términos de conexiones y calidad del servicio (mejorar la presión del agua y reducir fugas y pérdidas comerciales).

Recomendaciones

En el corto plazo:

- **Revisar** la forma de ejecutar las funciones de la Sunass para priorizar las actividades esenciales. Por ejemplo, la Sunass podría considerar delimitar su papel en el régimen MERESE a lo estrictamente necesario en el proceso (por ejemplo, el componente de cálculo de tarifas). Asimismo, explorar la posibilidad de identificar otras instituciones mejor posicionadas para apoyar a las EPS en la inversión de los fondos del MERESE en las cuencas fluviales aguas arriba.
- **Asegurarse** de contar con un "conjunto de instrumentos" adecuado, tomar en cuenta los retos y las particularidades del sector, y centrarse en el resultado del cambio de comportamiento (Recuadro 1.1).
  - Proseguir con la buena práctica de condicionar los aumentos de tarifas al logro de objetivos regulatorios (como calidad del servicio y cumplimiento del programa de inversiones). Comunicar si se alcanzaron dichos objetivos y cómo esto afecta la tarifa.
  - Ser realista al diseñar el enfoque de empresa modelo adaptada para la fijación de tarifas. Favorecer uno que proporcione diversos puntos de referencia de los costos que sean fáciles de entender, intuitivos y basados en empresas comparables, en vez de un análisis primordialmente técnico que requiera información detallada sobre los costos de operación eficiente de cada EPS.
  - Adoptar un enfoque basado en riesgos y conductualmente fundamentado para poner en práctica la labor de fiscalización y sanción (véase la sección sobre Sanción y fiscalización regulatorias).
  - Reconocer, retribuir y compartir las buenas prácticas de las diferentes partes interesadas, por ejemplo, mediante un concurso para premiar a las Áreas Técnicas Municipales (ATM) y los prestadores de servicios con mejores resultados.
  - Dar a los usuarios la información que requieren para exigir a sus empresas de servicios de agua que rindan cuentas de su desempeño. Las tendencias claras y fácilmente comprensibles de los indicadores clave de desempeño pueden mostrar a los consumidores si el servicio está mejorando o deteriorándose. Esto podría influir mucho en su disposición a pagar tarifas más altas.

- Aplicar estrategias de comunicación focalizadas para llegar a diferentes grupos de partes interesadas importantes:
    - Asignar suficiente presupuesto para diseñar campañas de divulgación dirigidas a los consumidores (Recuadro 1.2).
    - Iniciar un contacto más regular con el Congreso y facilitar el debate en torno al informe anual.
    - Convertir a los medios de comunicación en aliados para comunicar la función desempeñada por el regulador y su opinión sobre las actividades del sector. Al trabajar para que los medios comprendan la función de la Sunass y las iniciativas en curso, a la Sunass se le facilitaría compartir sus resoluciones sobre lo que sucede en el sector y aumentaría la cobertura de los medios de comunicación más allá de centrarse en los problemas que surjan.

En el mediano plazo:

- **Garantizar** que se dediquen recursos suficientes para mejorar el desempeño de las 50 EPS. Si bien se han asignado nuevas responsabilidades a la Sunass, esta deberá seguir dedicando una parte adecuada de sus recursos a la regulación económica en curso de las empresas de servicios públicos que sirven a las zonas urbanas más grandes del país. Al hacerlo, es conveniente que la Sunass se asegure de aplicar el nuevo modelo tarifario de forma gradual, a partir de las expectativas realistas acerca de la capacidad de las EPS para mejorar las operaciones y la calidad (Recuadro 1.3).
- **Reconocer y destacar** el impacto a largo plazo de la mejora de los servicios de alcantarillado y aguas residuales en la calidad del agua, el medio ambiente y la salud pública. Es recomendable desarrollar una estrategia realista en el mediano plazo para invertir en plantas de tratamiento y mantener su eficiencia operativa. Esta labor no debería quedar a cargo de la Sunass solamente, sino involucrar a los demás actores que intervendrían en el financiamiento de estos servicios y la vigilancia de la calidad de los recursos hídricos.

Recuadro 1.1. Transformación institucional para cumplir con un marco regulatorio modificado en el sector del agua escocés

Durante su más reciente proceso de evaluación de precios (la Evaluación Estratégica de Tarifas 2021-27, o SRC21), la Comisión de la Industria del Agua de Escocia (WICS, por sus siglas en inglés) aprovechó la oportunidad para abordar los principales problemas del sector: un enfoque competidor aparente en la regulación, dificultades relacionadas con los activos de larga duración, falta de flexibilidad de la inversión y problemas para integrar los reclamos de los consumidores. Como resultado, se desarrolló un marco regulatorio modificado que representa un cambio radical respecto de la situación actual del sector escocés del agua.

El monopolio estatal que se encarga del suministro al mercado nacional, Scottish Water, afronta el reto de transformar lo que ha sido una institución de suministro en una empresa que adopte los principios del marco regulatorio mencionado. La empresa acordó elaborar un plan de transformación, con el objetivo de cambiar la toma de decisiones y la práctica cultural de arriba abajo.

La WICS creó un estrato adicional de responsabilidad por la elaboración de su plan de transformación. Convocó a un grupo de ciudadanos a conformar el Foro de Usuarios para que transmitieran las opiniones de estos en el proceso de fijación de precios y participaran con Scottish Water en su plan de transformación. Tras los debates, Scottish Water y el Foro de Usuarios firmaron un acta de acuerdo sobre las expectativas de dicho plan. La empresa inició la planificación de su transformación haciendo un balance de su función y en la etapa de desarrollo trabaja con expertos y consultores en materia de gestión.

La WICS ha dado los primeros pasos en dicha planificación al considerar los ajustes necesarios en talleres de expertos y en su plan corporativo. Las dos instituciones han trabajado a la par en algunos aspectos de planificación de la transformación, por ejemplo, sesiones conjuntas sobre la promulgación de la Regulación Ética de las Empresas (elemento clave del marco regulatorio modificado).

En vista de la magnitud del cambio institucional requerido, para generar confianza en que las partes están realizando los cambios organizacionales necesarios para superar los retos que se avecinan, es importante avanzar de manera manifiesta hacia su transformación. Durante la SRC21, la WICS conformó el Grupo de Apoyo a la Regulación Ética de las Empresas para poner en marcha un "control de verificación" periódico de los principios de la Regulación, como la confianza y la apertura. El grupo de apoyo realizó las evaluaciones mediante encuestas anónimas en línea y entrevistas personales con las partes interesadas en la SRC21, después de lo cual presentaba un análisis con recomendaciones pertinentes. El grupo de apoyo es un mecanismo ilustrativo diseñado para ayudar a las partes a hacer ajustes a sus métodos y formas de trabajo en el contexto de la transformación organizacional y el cambio del marco regulatorio, y las partes seguirán estudiando cómo asegurarse de que la empresa y el marco normativo estén cumpliendo su cometido.

Fuente: Información proporcionada por la Water Industry Commission for Scotland, 2021.

Recuadro 1.2. La Entidad Reguladora de Servicios Energéticos de Portugal (ERSE) se encarga de empoderar e informar al consumidor

Como parte de su misión de proteger los derechos y los intereses de los consumidores de energía, la ERSE procura empoderarlos al informarles sobre sus derechos y la manera como pueden tomar decisiones fundamentadas. Para ello utilizando diversas herramientas como las siguientes:

- Sitio web especial para los usuarios
- Herramientas para comparar en línea los servicios de energía eléctrica que se ofrecen, su potencia y el origen de la energía que proveen
- Material multimedia sobre temas energéticos
- Actividades de divulgación (radio, televisión, medios impresos, visitas a escuelas)
- Actividades de desarrollo de competencias (cursos de formación presenciales y virtuales)
- Línea de atención telefónica para responder a consultas y reclamos de los usuarios
- Solución y mediación de controversias y apoyo a los centros públicos de arbitraje

El sitio web de la ERSE cuenta con un área específica para los usuarios. En ella se presenta en múltiples formatos información variada sobre los sectores regulados por la ERSE: por ejemplo, alertas sobre malas prácticas, consejos, herramientas de comparación, vídeos en los que se explica la forma de operar de los sectores, así como datos y estadísticas. Asimismo, el sitio web contiene información sobre el derecho a la solución de controversias y los procedimientos relacionados, incluida la función de la ERSE al respecto. En esa área se encuentra también "Gia", asistente virtual en línea que resuelve las dudas de los usuarios a través de una ventana de chat.

Sin embargo, no todos los usuarios tienen acceso digital o competencia para consultar toda esta información en línea. Solo diversificando los canales de información directos e indirectos es posible llegar a múltiples públicos objetivo con diferentes grados de alfabetización, educación, grupo de edad y ubicación. Considerando lo anterior, la ERSE ofrece también al público un servicio de asistencia telefónica específico, disponible entre las 15:00 y las 18:00 horas en días laborales, así como servicio presencial, previa cita.

Además, la necesidad de llegar a audiencias menos informadas exige una intervención más activa e invertir en nuevos medios de comunicación. Por consiguiente, la ERSE decidió emitir campañas informativas radiofónicas pagadas para acceder a un público de mayor edad. También se invita a la entidad a asistir a programas noticiosos de divulgación para entrar en contacto con los usuarios de energía, por ejemplo, para explicar las tarifas y la facturación por ese servicio. En el canal de YouTube de la ERSE se incluyen también algunas grabaciones. La ERSE no da ni recibe remuneración por asistir a estos programas.

La ERSE trabaja para diversificar aún más sus medios de comunicación con los usuarios de energía, por ejemplo, al cooperar con la Guardia Nacional para visitar escuelas, centros de jubilados y otros e informar sobre la energía eléctrica, aumentar la presencia en los medios sociales, utilizar un lenguaje sencillo en sus publicaciones y suscribirse en línea a servicios de banners en línea en sitios web de agregadores de noticias.

La ERSE también organiza sesiones de formación, dirigidas sobre todo a asociaciones de consumidores y a centros de arbitraje de controversias relativas al consumo, y participa en actos organizados por otras entidades para explicar el funcionamiento de los mercados energéticos y, en particular, los precios, la facturación y los derechos de los consumidores.

Fuente: Información proporcionada por la ERSE, 2021.

Recuadro 1.3. Ampliar la cobertura de la regulación a un sector del agua muy fragmentado: el enfoque de la Autoridad de Energía, Redes y Medio Ambiente (ARERA) de Italia

La Autoridad de Energía, Redes y Medio Ambiente (ARERA) es el regulador económico independiente para el sector italiano del agua. Su regulación se aplica a los servicios de agua potable y aguas residuales, incluidos la captación, suministro y distribución de agua para uso doméstico, el alcantarillado y el tratamiento de aguas residuales, así como la extracción, suministro de agua multiusos y servicios de tratamiento para uso mixto residencial e industrial.

Un sector del agua fragmentado

El sector del agua de Italia está sumamente fragmentado: más de 2 000 operadores prestan servicios de agua, alcantarillado y tratamiento de aguas residuales a una población total de 60 millones de habitantes. La gran mayoría de los operadores trabajan a nivel municipal en el sur del país, en tanto que en las zonas del centro y el norte cerca de 100 operadores de tamaño mediano a grande sirven a más del 80% de la población. Unas cuantas empresas multisectoriales de gran tamaño tienen una cuota de mercado superior al 50%.

> **Marco de gobernanza**
>
> Según la legislación, el Ministerio de Medio Ambiente define los principios generales del uso y los servicios del agua a nivel nacional, mientras que la ARERA estipula las regulaciones, mecanismos y procedimientos específicos y vela por su cumplimiento. Las regiones fijan la zona geográfica en la que deben prestarse los servicios integrados de agua (Ambito Territoriale Ottimale, ATO) e identifican a la autoridad local (la EGA, por lo general una entidad regional o subregional) encargada de organizar los servicios integrados de agua en el ámbito local, planificar las inversiones y celebrar contratos para gestionar los servicios con operadores mediante licitación pública o concesión. Los servicios de agua pueden prestarse de manera integrada por un único operador o por diferentes operadores por separado.
>
> **Ampliación de la cobertura de la regulación**
>
> Varios centenares de operadores (sobre todo los municipios que gestionan directamente los servicios de agua en el sur de Italia) aún no obtienen la aprobación de tarifas por parte de ARERA de acuerdo con la metodología tarifaria nacional, ya que no han presentado al regulador la información requerida. Para ampliar la cobertura de la regulación a estos operadores de forma progresiva, la ARERA implementó una metodología tarifaria simplificada (la "metodología tarifaria de convergencia") para el periodo tarifario 2020-2023. Así se facilita el procedimiento de aprobación de tarifas a los operadores que carecen de datos sobre ingresos, costos y calidad de la prestación del servicio. Un operador, o la EGA, pueden estimar los ingresos permitidos mediante el enfoque definido en la metodología, que dicta procedimientos simplificados para la planificación de las tarifas. Gracias a este enfoque, en 2021 la EGA de la región de Calabria presentó su primer plan tarifario en nombre de varios municipios de la región. Se trató de un importante paso inicial hacia la inclusión progresiva de los proveedores de agua de menor tamaño en el marco de la regulación.
>
> Además de este enfoque ascendente, la ARERA comunicó al gobierno nacional y al Parlamento la necesidad de emprender una reforma legislativa de la gobernanza del agua en el sur, con el fin de acelerar la transferencia de la responsabilidad de prestar servicios de agua a las empresas públicas. ARERA sugirió confiar obligatoriamente la responsabilidad de brindar servicios de agua a empresas de propiedad pública cuando las EGA no pudieran llevar a cabo procedimientos públicos para seleccionar a un operador.
>
> Fuente: Información proporcionada por la Autoridad Italiana de Energía, Redes y Medio Ambiente (ARERA), 2021.

Marco estratégico

El plan estratégico del regulador aporta un marco sólido para la evaluación del desempeño, que podría reforzarse aún más invitando a las partes interesadas externas a contribuir con sus comentarios. La Sunass opera en el contexto de un plan estratégico quinquenal (PEI), en el cual se identifica un conjunto equilibrado de objetivos estratégicos que abarcan medidas que abarcan insumo, proceso, producto y resultado (Cuadro 1.1). Sin embargo, no se consulta con los actores externos de la Sunass (como sus consejos de usuarios) durante el proceso de planificación estratégica, lo cual representa una oportunidad perdida. Incluir a las partes interesadas externas en el proceso tendría el beneficio adicional de aumentar la comprensión de la función del regulador y reforzar la gobernanza del agua en términos más amplios.

La planificación estratégica debe equilibrar la agilidad con la previsibilidad. La legislación permite cambiar el plan estratégico durante los ciclos estratégicos, aunque estos deben ser previsibles y no atentar contra la estabilidad de las prioridades del regulador. Realizar revisiones frecuentes podría crear ambigüedad en torno a las prioridades del regulador relativas al personal y las partes interesadas. En ese contexto, desarrollar una visión global y de valores institucionales ayudaría a trazar un horizonte a largo plazo para el trabajo del regulador.

Cuadro 1.1. Objetivos estratégicos de la Sunass analizados en el marco de insumos, procesos, productos y resultados de la OCDE

Objetivos estratégicos de la Sunass en el marco de su plan estratégico (PEI) 2020-2024

Objetivo (OEI)	Tipo de objetivo
1. Reforzar la prestación de servicios de saneamiento a los usuarios	RESULTADO
2. Consolidar la descentralización de las funciones de la Sunass	PROCESO
3. Mejorar la percepción y la valoración de los servicios de saneamiento por parte de los usuarios	RESULTADO
4. Fortalecer la gestión institucional	INSUMO
5. Implementar la gestión del riesgo de desastres*	RESULTADO

* Este objetivo es obligatorio para todos los organismos públicos, según establece el Centro Nacional de Planeamiento Estratégico (CEPLAN).
Fuente: Información proporcionada por Sunass, 2021.

Recomendaciones

En el corto plazo:

- **Utilizar** el plan estratégico como herramienta para gestionar los riesgos y las expectativas, al supervisar estrechamente el cumplimiento de los objetivos estratégicos e informar al respecto.
- **Consulta**r a las partes interesadas como parte del proceso de planificación estratégica. Por ejemplo, la Sunass podría considerar:
    - Organizar consultas públicas por medio de las oficinas descentralizadas de la Sunass.
    - Recabar la opinión de sus Consejos de Usuarios.
    - Utilizar las plataformas actuales para impulsar la participación ciudadana, como la iniciativa ¡Participa vecino!
    - Hacer un esfuerzo adicional para incluir las perspectivas de las poblaciones no atendidas y los consumidores vulnerables.
    - Comunicar con claridad el plan estratégico final vía los mismos canales utilizados durante el proceso de consulta y llegar a un público más amplio a través del sitio web del regulador, el boletín informativo y los medios de comunicación. La Sunass también podría considerar la posibilidad de organizar una presentación para informar sobre el plan y darle visibilidad. Utilizar un lenguaje sencillo y traducirlo a las lenguas locales ayudará a garantizar la accesibilidad.

En el mediano plazo:

- **Aumentar** la previsibilidad en el proceso de planificación estratégica y marcar la dirección del regulador en el largo plazo. Una mayor estabilidad por parte de este es especialmente importante en un contexto de inestabilidad política.
    - Predefinir y comunicar desde el principio cuándo llevará a cabo la Sunass una revisión intermedia del plan estratégico.
    - Explicar con claridad la justificación de cualquier cambio en los objetivos o metas estratégicos.
    - Incluir en la revisión la consulta con las partes interesadas.
    - Desarrollar una declaración de visión que señale las prioridades del regulador para el sector en el largo plazo, más allá del ciclo de planificación institucional de tres a cinco años.

Coordinación institucional

La falta de claridad respecto de las funciones de los diferentes actores públicos dificulta el logro de los objetivos del sector. En general, se aprecia un desajuste entre el complejo marco jurídico del sector del agua y saneamiento y la capacidad de las instituciones peruanas para ponerlo en práctica (OECD, 2021[1]). La escasa capacidad no solo contribuye a la falta de claridad en torno a las funciones y responsabilidades, sino que se agrava con ella. En el caso de la Sunass, esto ha provocado un desajuste entre la función que desempeña y las expectativas de otros organismos del sector público. Por ejemplo, se espera que la Sunass garantice que los prestadores de servicios suministren agua potable que cumpla con los estándares de seguridad exigidos. Sin embargo, la responsabilidad de controlar la calidad de dicha agua recae en la Dirección General de Salud Ambiental (DIGESA). Ahora bien, la mala calidad del agua puede mermar la aceptación de las tarifas por parte de la población, la cual resulta esencial para cumplir el mandato de la Sunass. Los usuarios y las comunidades esperan tener acceso a servicios públicos de calidad, sean cuales sean las instituciones públicas responsables; de ahí la importancia de que todos los actores trabajen en conjunto y compartan el compromiso con los objetivos comunes.

A pesar del número de instituciones que intervienen en el logro de los objetivos de la política sectorial, no se cuenta con mecanismos adecuados de coordinación de alto nivel. La Ley Marco 1280 define las funciones respectivas de los diversos ministerios y demás organismos públicos que intervienen en el sector, incluida la Sunass, así como de los prestadores de servicios y los gobiernos locales y regionales. En este marco legislativo, el Ministerio de Vivienda, Construcción y Saneamiento (MVCS) es el organismo rector del saneamiento y tiene facultad exclusiva en materia de desarrollo, planificación, coordinación, implementación y supervisión de las políticas nacionales específicas y relacionadas. Más allá de las definiciones establecidas en la ley, no se realizan reuniones periódicas e institucionalizadas de coordinación entre las autoridades públicas sectoriales.

En un contexto de duplicación de tareas y escasa capacidad institucional, en ocasiones la Sunass ha tomado medidas para atender problemas existentes o emergentes que trascienden sus funciones según se definen en la legislación. Muchos actores señalan que la Sunass es un aliado abierto, colaborador y dinámico. En algunos casos, con el ánimo de reforzar el desempeño de los proveedores, el regulador interviene ante la presencia de brechas o ante la incapacidad de otros actores de cumplir con su función. Por ejemplo, la Sunass lleva a cabo actividades de formación y capacitación para las EPS y los prestadores de servicios rurales, mismas que pueden duplicarse con la función del MVCS y el OTASS, su organismo técnico para la administración de los servicios de saneamiento.

La Sunass se ha consolidado como un actor clave de la coordinación en el ámbito subnacional, aunque esta es aún una tarea difícil. El regulador opera dentro de un panorama institucional especialmente complejo en las zonas rurales, en el que intervienen muchos ministerios y niveles de gobierno regionales y municipales. La habilidad de los organismos locales suele ser baja. Sin embargo, en algunos aspectos, la coordinación eficaz parece depender de si la Sunass puede estar físicamente presente en una localidad e interactuar con los gobiernos municipales y los prestadores de servicios. Pese a la evolución positiva de sus 24 oficinas regionales, la relativa limitación en el número de funcionarios de la Sunass en estas oficinas, combinada con la lejanía y las dificultades de acceso propias de muchas zonas del país, podría seguir entorpeciendo la coordinación.

En el entorno internacional, la Sunass participa activamente en foros orientados a promover la cooperación internacional en temas regulatorios y podría recurrir con más frecuencia a estas redes para intercambiar información sobre prácticas y enfoques regulatorios. La Sunass es miembro de la Asociación de Entes Reguladores de Agua y Saneamiento de las Américas (ADERASA) y de otras iniciativas internacionales y regionales. Al asumir la Sunass sus nuevas responsabilidades, sería útil que refuerce su interacción con otros reguladores del agua de la región para comparar su manera de organizar la regulación sectorial con la de los países vecinos. Dado que estos últimos operan en contextos similares al del sector hídrico peruano, podría darse un aprendizaje cruzado sobre cómo otros pares reguladores abordan la problemática común.

Recomendaciones

En el corto plazo:

- **Promover** el establecimiento de reuniones periódicas institucionalizadas para la coordinación de alto nivel de todas las autoridades públicas del sector de saneamiento. En consonancia con su mandato de coordinación de todo el gobierno, la Presidencia del Consejo de Ministros (PCM) estaría en posibilidad de convocar a los directivos de las instituciones de forma periódica (por ejemplo, cada mes o cada trimestre). Las interacciones formales y periódicas pueden mejorar la transparencia y el flujo de información, aclarar las funciones y evitar duplicarlas, y con el tiempo forjar una visión compartida del sector y confianza entre las instituciones.
- **Evaluar** dónde se requieren mecanismos de coordinación de prácticas regulatorias en los distintos niveles de gobierno para aclarar las funciones y responsabilidades, así como optimizar el uso eficiente de los recursos.
    - Considerar mecanismos de coordinación, por ejemplo, acuerdos que detallen las funciones respectivas, las áreas de cooperación o el acceso electrónico a la información en poder de otros organismos.
- **Aunar acciones** en áreas en las que el logro de los objetivos estratégicos de la Sunass y de las metas de política sectorial depende de las medidas tomadas por otros actores. Las áreas por considerar podrían ser las siguientes:
    - Calidad del agua: coordinar las medidas de fiscalización y sanción con la DIGESA mejoraría los resultados para los usuarios. Como alternativa, la Sunass podría considerar abogar por transferir algunas actividades de monitoreo cuando surja duplicación de funciones entre diferentes organismos.
    - Integración de pequeños prestadores de servicios en EPS: conformar grupos de trabajo con todas las partes interesadas pertinentes de cada región (gobiernos subnacionales, EPS y pequeños prestadores de servicios, el OTASS y representantes de los consumidores) para analizar los resultados del área de prestación de servicios propuesta por la Sunass.
    - "Régimen de apoyo transitorio": colaboración más estrecha y diálogo con el OTASS sobre qué EPS deben incorporarse en dicho régimen.
    - Comunicación: la Sunass podría considerar formar "coaliciones estratégicas" para comunicar en términos sencillos las razones por las que debe pagarse por el agua o aumentar las tarifas. Por ejemplo, un mensaje coherente del regulador, el MVCS, el Ministerio de Salud, el Ministerio de Desarrollo e Inclusión Social y otros ayudaría a reforzar el mensaje de que contar con servicios de agua de mejor calidad mejoraría la salud y el desarrollo económico.

En el mediano plazo:

- **Establecer acuerdos** de cooperación a nivel subnacional que faculten a instituciones locales para realizar determinadas funciones regulatorias. Por ejemplo, para aprovechar la presencia "en el terreno" de los gobiernos municipales, la Sunass podría autorizar que el personal del área técnica municipal (ATM) desempeñe funciones de fiscalización y sanción en zonas rurales más allá del periodo ahora previsto. La distribución de funciones tendría que comunicarse con claridad a los prestadores de servicios rurales y a otras partes interesadas.
- **Continuar y reforzar** la cooperación regional en materia de regulación del agua (Recuadro 1.4). La Sunass podría explorar el potencial que la ADERASA u otros foros regionales tienen de aumentar el nivel de interacción para:

- o Intercambiar experiencias, buenas prácticas y soluciones a problemas comunes.
- o Propiciar la comparación regional de las prácticas y enfoques regulatorios mediante la administración de encuestas y el intercambio de datos.
- o Desarrollar la capacidad de sus miembros, por ejemplo, al impartir seminarios y sesiones de formación o establecer o asociarse con un centro de formación regulatoria.
- o En estas actividades podría reforzarse la capacidad de las asociaciones regionales mediante el financiamiento internacional del desarrollo.

Recuadro 1.4. Coordinación y cooperación a nivel internacional entre organismos reguladores: la experiencia de la Asociación Iberoamericana de Entidades Reguladoras de la Energía (ARIAE)

La ARIAE se compone de 27 autoridades reguladoras de energía de 20 países iberoamericanos (México, Portugal, España, países centroamericanos y países sudamericanos de habla hispana o portuguesa).

La ARIAE es una asociación de reguladores de energía que se desempeña como un foro de comunicación entre especialistas y profesionales de sus entidades afiliadas. Su objetivo es fomentar el intercambio de experiencias y conocimientos en el campo de la regulación energética, promover la armonización regulatoria, alentar la capacitación y la formación del personal de sus afiliados, en todos los niveles, así como fomentar la cooperación en actividades de interés común, incluidos la investigación y el desarrollo. La asociación trabaja también para lograr el acceso universal a las actuales fuentes de energía de la región.

El intercambio sistemático de información y experiencias es respaldado por las reuniones que los reguladores realizan cada año, el funcionamiento de sus grupos de trabajo (en las áreas de electricidad, gas, productos petrolíferos, biocombustibles, planificación y consumo), sus actividades de formación y la elaboración de libros e informes, así como por el funcionamiento de su página web y la publicación diaria de noticias en sus redes sociales.

La ARIAE es promotora de la Escuela Iberoamericana de Regulación (EIR), con dos sedes: una dedicada a la regulación del sector eléctrico en la Pontificia Universidad Católica de Chile, y otra dedicada a la regulación del sector de hidrocarburos en la Universidad ESAN de Perú. En ambas participa un grupo de siete universidades de la región y de otros países.

La ARIAE recibe el apoyo de socios internacionales para el desarrollo, como la Agencia Española de Cooperación Internacional para el Desarrollo (AECID), la Secretaría General Iberoamericana (SEGIB) y el Banco Interamericano de Desarrollo (BID). Además, mantiene acuerdos de colaboración con la Comisión Económica para América Latina y el Caribe (CEPAL), la Organización Latinoamericana de Energía (OLADE), el Banco Mundial (BM), la Corporación Andina de Fomento (CAF) y la Asociación Latinoamericana de Movilidad Sostenible (ALAMOS).

Por otra parte, la ARIAE lleva a cabo reuniones periódicas con otras asociaciones regionales del ámbito de la energía, como el Consejo de Reguladores Europeos de la Energía (CEER), la Asociación Nacional de Comisionados de Reguladores de Servicios (NARUC), la Asociación Regional de Reguladores de Energía (ERRA) y la Asociación de Reguladores de Energía del Mediterráneo (MEDREG); asimismo, participa en los Foros Mundiales de Regulación de Energía (WFER) organizados por la Comisión Internacional de Reguladores de Energía (ICER).

El Secretariado General de la ARIAE es gestionado por la Comisión Nacional de los Mercados y la Competencia de España (CNMC).

Fuente: Información proporcionada por la Comisión Nacional de los Mercados y la Competencia de España (CNMC), 2021.

Contribución a la formulación de políticas y leyes

En este panorama general no siempre se utilizan del todo los conocimientos expertos de la Sunass en beneficio de la política y los resultados sectoriales. La Sunass, a petición del Congreso de la República y los ministerios, formula dictámenes y opiniones no vinculantes sobre proyectos de políticas, leyes y regulaciones ministeriales; carece de facultades para presentar opiniones vinculantes. Pese a la gran capacidad técnica de la Sunass y su potencial para realizar valiosas aportaciones a la formulación de políticas, no se le consulta de manera sistemática. En ocasiones ha presentado comentarios de forma proactiva, aun cuando no se le han solicitado. Por último, la Sunass no hace del conocimiento público los comentarios y resoluciones que emite. De esta forma se pierde la oportunidad de mejorar la transparencia y salvaguardar la independencia del organismo regulador.

Recomendaciones

En el corto plazo:

- **Publicar** las opiniones de la Sunass en su sitio web y darlas a conocer a través de los medios de comunicación tradicionales y las redes sociales, con el fin de garantizar la transparencia de sus aportaciones al proceso de formulación de políticas. Entablar buenas relaciones con los medios de comunicación podría ayudarles a estar al tanto de las declaraciones de la Sunass y prestarles la atención necesaria.
- **Catalogar** las opiniones presentadas por la Sunass en su informe anual (Recuadro 1.5).
- **Aprovechar al máximo** el papel de la Sunass como regulador independiente para dar la voz de alarma cuando sea necesario y participar proactivamente en la inclusión de asuntos importantes en la agenda de formulación de políticas y de información pública. Manteniéndose como aliado estratégico y técnico del gobierno, la Sunass podría adoptar una postura más proactiva ante el Congreso para plantear ciertos asuntos y dar a conocer su postura al respecto.

Recuadro 1.5. Publicación de opiniones formales de la Entidad Reguladora de Servicios Energéticos (ERSE) de Portugal

La mayoría de las opiniones, estudios, informes y memorandos emitidos por la ERSE en torno a las obligaciones legales del regulador o a los procedimientos regulatorios, así como otros elaborados por iniciativa propia, o a petición de terceros – entre ellos el Gobierno y la Asamblea de la República –, se publican en el sitio web de la ERSE. Los dictámenes de la Entidad también se publican en su informe anual.

El sitio web de la ERSE cuenta con una biblioteca en línea especializada que constituye un repositorio de la legislación y la regulación pertinentes para el sector, así como de las actividades de la ERSE, incluidas sus recomendaciones, opiniones, consejos consultivos, informes, boletines, estudios y memorandos. La biblioteca incluye los documentos que la ERSE está legalmente obligada a preparar y publicar; además, sirve como plataforma para la transparencia y la cooperación.

Sin perjuicio de las solicitudes de acceso o divulgación en términos legales, por regla general, estos documentos se publican en el primero de los momentos siguientes: después de que la entidad que solicitó la opinión de la ERSE haya adoptado una decisión; un año después de la elaboración del documento de la ERSE; dentro del plazo legal de publicación (por ejemplo, en los informes anuales).

La disponibilidad de dichos documentos no incluye aquella información que, por su naturaleza, sea delicada en términos comerciales, constituya un secreto protegido por ley o conste de datos personales.

> Siempre que las opiniones, estudios, informes o memorandos estén incluidos en un proceso en curso de una parte externa, la ERSE aplica un proceso interno para saber cuándo puede publicarse su documento, en consonancia con las consideraciones anteriores. Por ejemplo, cuando el gobierno solicita a la ERSE su opinión sobre un proyecto de ley, esta no se divulga de inmediato, sino solo después de la publicación del documento gubernamental respectivo en el Diario Oficial portugués, lo cual por lo general ocurre el mismo día o el siguiente.
>
> Esta medida salvaguarda el debate sobre la toma de decisiones políticas. Sin embargo, una vez publicado el documento oficial, cualquier parte interesada puede comprobar si la opinión de la ERSE se incluyó, se incluyó en parte o no se incluyó en absoluto. Para mayor transparencia, las opiniones publicadas incluyen una referencia a la fecha en que la parte externa solicitó la aportación de la ERSE.
>
> Fuente: Información proporcionada por ERSE, 2021.

Insumos

Recursos financieros

La reforma del mandato de la Sunass cambió el modelo de financiamiento del regulador y convirtió al presupuesto público en su principal fuente de financiamiento. Antes de ampliar su ámbito de competencia, la Sunass se financiaba únicamente con las tasas de las EPS que regulaba y recaudaba como máximo el 1% de los ingresos después de los impuestos sobre las ventas. Una comisión del Congreso consideró aumentar este tope, establecido por ley para todos los órganos reguladores económicos, al 2%, pero el Congreso no ha emitido su aprobación. Desde 2017, los fondos gubernamentales aportan la mayor parte del presupuesto (58% en 2021) (Cuadro 1.2), lo cual representa un cambio drástico en el modelo de financiamiento del regulador y lo somete a la incertidumbre en torno a su presupuesto. Los fondos gubernamentales se destinan a cubrir la expansión de la supervisión a las ciudades pequeñas y a las zonas rurales.

Cuadro 1.2. Fuentes de ingresos de la Sunass, 2015-2020

Fuente de ingresos	2015		2016		2017		2018		2019		2020		2021		2022 (est.)	
	Mil. de PEN	% del total	Mil. de PEN	% del total	Mil. de PEN	% del total	Mil. de PEN	% del total	Mil. de PEN	% del total	Mil. de PEN	% del total	Mil. de PEN	% del total	Mil. de PEN	% del total
Fondos públicos	0	0	0	0	27.9	48	52.7	66	64.1	61	68.5	65	55.5	58	53.1	63
Tasas	27.8	100	29.8	100	30.8	52	27.4	34	41.1	39	37.2	35	40.3	42	31.2	37
Recursos de operaciones oficiales de crédito	0	0	0	0	0	0	0	0	0	0	0.2	0	0	0	0	0
Total	27.8	100	29.8	100	58.6	100	80.1	100	105.2	100	105.9	100	95.8	100	84.3	100

Fuente: Información proporcionada por la Sunass, 2021.

Las tarifas relativamente bajas de las entidades reguladas, combinadas con la incertidumbre y los considerables recortes del financiamiento del gobierno, podrían debilitar la estabilidad del regulador y amenazar con disminuir su autonomía. Antes de la ampliación de su ámbito de competencia, la Sunass consideraba que su presupuesto era inadecuado para desempeñar sus funciones a plenitud, ya que las empresas prestadoras del servicio de agua en Perú suelen ser pequeños organismos públicos con baja facturación. En consecuencia, sus ingresos por el cobro de tarifas eran considerablemente menores que los de los demás reguladores del sector en Perú (véase (OECD, 2019[4]) (OECD, 2019[5]) (OECD, 2020[6])).[1] Además, la sostenibilidad del financiamiento con fondos públicos es incierta, debido a las medidas emprendidas para lograr la consolidación fiscal. En 2021, el presupuesto se redujo 10%, a 95.8 millones de PEN, y se espera que en 2022 disminuya otro 12%, a 84 millones de PEN. La falta de estabilidad en el financiamiento conlleva el riesgo de debilitar la capacidad del regulador para planificar las actividades de manera adecuada, desempeñar sus funciones a plenitud y cumplir con sus objetivos, con lo que se reducen su eficacia y autonomía.

Los actuales procesos de planificación y elaboración de presupuestos del organismo regulador no son suficientes para hacer frente a estos retos. La Sunass fija estimaciones presupuestarias plurianuales concebidas para responder a dichos retos, pero en la práctica, el gobierno aprueba el presupuesto cada año. El proceso de elaboración del presupuesto plurianual no permite establecer certidumbre presupuestaria en el mediano plazo. La respuesta de la Sunass a los recortes presupuestarios consiste en modificar a la baja los objetivos, sin dejar de cumplirlos en todos los ámbitos. Tal enfoque puede no ser realista ni deseable para mejorar los resultados del sector, que podrían atenderse perfectamente al priorizar las actividades, los objetivos y las expectativas de manera realista.

La capacidad de la Sunass para gestionar sus recursos de forma autónoma se ve limitada en algunos casos por los requerimientos del gobierno central. Los fondos gubernamentales se destinan a actividades realizadas en zonas rurales y ciudades pequeñas. Sin embargo, dado que algunos miembros del personal desempeñan funciones tanto en zonas urbanas como rurales, es difícil aislar estos fondos para su asignación posterior. Otros requisitos gubernamentales recién implantados incluyen la obligación de devolver todos los excedentes presupuestarios a la Tesorería cada año.

Recomendaciones

En el corto plazo:

- **Formular** una respuesta estratégica a los recortes presupuestarios previstos que deje en claro los riesgos relacionados con los déficits presupuestarios. Por ser un regulador independiente, la Sunass está facultada para:
    o Procurar realizar una planificación adecuada y contar con los recursos apropiados para el sector debido a su función imprescindible en cualquier respuesta a la pandemia de COVID-19 y la recuperación de esta. La pandemia puso de manifiesto la importancia del agua y el saneamiento para la salud y la economía. La Sunass podría aprovechar este momento para colocar a estos servicios como prioridad en la agenda de políticas públicas.
    o Priorizar los objetivos e identificar qué actividades y resultados tendrían que cancelarse de registrarse un déficit presupuestario significativo.
    o Instaurar un enfoque de riesgo y proporcionalidad al establecer las prioridades, para cerciorarse de que se centren en las actividades de mayor riesgo en caso de que el presupuesto sea insuficiente para realizar todas las actividades previstas.
    o Desarrollar evidencias del impacto de los recortes presupuestarios en los resultados para los usuarios; por ejemplo, un recorte presupuestario de "x" PEN provoca que se presten servicios de agua no controlados para "y" población, lo que aumenta los riesgos para la salud pública: podría esperarse que los incidentes de enfermedades relacionadas con el agua no tratada aumenten un "z" %.
    o Presentar y comunicar con claridad a las principales partes interesadas —el MVCS, la PCM, el Ministerio de Economía y Finanzas (MEF) y el Congreso— lo que el regulador puede ofrecer dado el nivel de recursos y las consecuencias en términos de resultados sectoriales.

En el mediano plazo:

- **Promover** la fijación del presupuesto de acuerdo con una estimación de los costos de regulación y fiscalización del sector, y no de los recursos disponibles. Esto podría servir como base para debatir y negociar el presupuesto con el Ejecutivo y reforzar los argumentos del regulador para obtener más recursos y flexibilidad. En caso de que la eficiencia de los costos de operación del regulador supere los ingresos, la Sunass podría promover que se eleve el límite de las tarifas (Recuadro 1.6).
- **Continuar** con la buena práctica de elaborar presupuestos plurianuales y utilizarla como la herramienta principal en el proceso anual de negociación y aprobación del presupuesto. Informar de manera transparente cuando el presupuesto anual aprobado se desvíe considerablemente del plan presupuestario plurianual.
- **Abogar por** una gran autonomía en la gestión de los recursos financieros: por ejemplo, acabar con la asignación de fondos y trasladar los recursos no gastados de un ejercicio presupuestario al siguiente.

En el largo plazo:

- **Trabajar** en pos de una visión en la que las tarifas se fijen en niveles que permitan a todos los operadores gozar de una buena salud financiera, permitiendo así un financiamiento adecuado del regulador a través de tarifas. Esta visión sustentaría un debate sobre la posible necesidad de otorgar subsidios y/o el diseño de subsidios cruzados cuando las tarifas que reflejan los costos no sean compatibles con la asequibilidad de los servicios para consumidores vulnerables. En un sector con buen funcionamiento, los ingresos provenientes de las tarifas podrían convertirse en la mayor parte del financiamiento del regulador.

Recuadro 1.6. Garantizar que la recuperación de costos sea un apoyo adecuado para el regulador, en el corto y el mediano plazos

Comisión de Servicios Públicos de Letonia (PUC)

Tras un cambio legislativo promulgado en 2017, la tarifa regulatoria que financia las operaciones de la PUC se establece directamente en las leyes. Para contabilizar cualquier posible pago que exceda el presupuesto de la PUC aprobado por el Parlamento, los fondos excedentes se depositan en la cuenta del regulador en la Tesorería. Tales fondos limitados pueden servir también para evitar una reducción inesperada o transitoria del ingreso de la PUC sin necesidad de modificar la legislación primaria cada año.

El regulador puede utilizar estos fondos para financiar sus operaciones en años posteriores, según el presupuesto que se le haya aprobado. Si los fondos de la cuenta superan el 25% del ingreso total por cobro de tarifas, el excedente se devuelve a los operadores del mercado mediante una deducción en los pagos del año respectivo por ese concepto.

Comisión de Regulación de los Servicios Públicos de Irlanda (CRU)

La CRU se financia en su totalidad con contribuciones y derechos de licencias de las instituciones que participan en las industrias relevantes de electricidad, gas, seguridad del petróleo y agua. Las contribuciones de los participantes en el mercado constituyen la mayor parte de los ingresos percibidos por la CRU. La Comisión fija su propio presupuesto sin que se requiera la participación del gobierno. El monto se define cada año con base en la recuperación de costos en el cuarto trimestre del año, partiendo de una estimación del presupuesto de operación y de capital de la Comisión necesario para el año siguiente. El gobierno no contribuye directamente al presupuesto de la CRU, y el presupuesto anual del regulador es aprobado por ella sin necesitarse la evaluación o el visto bueno previos del Oireachtas.

La CRU asigna a cada sector los presupuestos anuales de electricidad, gas, petróleo y agua. Los ingresos, los gastos y el gasto de capital directamente realizados por cada sector se registran en los presupuestos separados de los sectores de electricidad, gas, petróleo y agua. Los costos compartidos se asignan a cada sector de manera proporcional al número de empleados que integran el sector correspondiente. Los costos relacionados con funciones administrativas compartidas (como finanzas, recursos humanos, informática y comunicaciones), se agrupan para todos los sectores.

Si los gastos anuales exceden los ingresos, el saldo se compensa con los impuestos recaudados el año siguiente. Los balances de los sectores de electricidad, gas, petróleo y agua se registran en sus respectivas cuentas y son auditados cada año por la Oficina del Contralor y Auditor General, que informa al Comité de Cuentas Públicas del Oireachtas. La CRU también lleva a cabo una auditoría interna anual, misma que se subcontrata a una empresa auditora). Además, tomando como base una evaluación de riesgos, año con año se destina un fondo para imprevistos, buscando disponer de flexibilidad para afrontar posibles dificultades jurídicas o costos relacionados con casos o actividades de seguridad. Cualquier exceso de ingresos en el ejercicio fiscal se toma en cuenta para fijar la tasa tributaria por sector para el siguiente año. La CRU puede transferir los fondos no utilizados al presupuesto del año siguiente sin necesidad de revisión o aprobación de entidades gubernamentales externas.

Regulador de la Energía de Canadá (CER)

La Regulación de Recuperación de Costos del CER establece la forma en que este determina los costos relacionados con el desempeño de su mandato y el proceso para recuperar la totalidad o una parte de los costos de las empresas que regula. En la actualidad, el sistema de recuperación de costos del regulador se basa en los costos cargados a los productos básicos que se asignan a entidades específicas en estos sectores (petróleo: oleoductos, gas: gasoductos, etc.). La CER realiza las funciones administrativas de cálculo, facturación y recaudación de las tasas de recuperación de costos de la industria en nombre del Gobierno de Canadá; es decir, no tiene autoridad para reutilizar los ingresos. Más bien, las empresas pagan su parte de los costos recuperables al Fondo de Ingresos Fiscales Consolidados de Canadá y la CER es financiada mediante un proceso de asignación anual aprobado por el Parlamento.

La CER cuenta con un Comité de Enlace para la Recuperación de Costos, compuesto por personal del regulador y representantes de las empresas reguladas. Los objetivos del Comité son los siguientes:

- Ofrecer a la industria información exhaustiva sobre los costos de la CER
- Brindar un foro para plantear problemas o inquietudes relacionados con los procesos y métodos de recuperación de costos
- Debatir sobre la Regulación de Recuperación de Costos.

Fuente: Información proporcionada por PUC, CRU y CER, 2021.

Recursos humanos

La fuerza laboral del regulador ha aumentado a medida que su ámbito de competencia y sus funciones se han expandido, pero los recursos son aún escasos considerando las necesidades urgentes del sector. El personal de Sunass es competente y comparte un sentido de propósito común, pero el nivel de ambición del regulador y sus nuevas funciones quizá impliquen que su personal está llegando al límite de lo que puede ofrecer. La cantidad de empleados se incrementó casi 25% entre 2017 y 2020; sin embargo, varias áreas informan que no cuentan con recursos suficientes. El Órgano de Control Institucional (OCI) confirma esta evaluación en el área de fiscalización. Esto podría generar frustración si el personal no puede poner en práctica los planes de trabajo.

El perfil del personal de Sunass tendrá que evolucionar en sintonía con sus nuevas responsabilidades. Además de contratar personal local con experiencia en funciones regulatorias como fiscalización y supervisión, las nuevas funciones de la Sunass requieren contar con empleados que cuenten con diferentes conjuntos de habilidades y competencias, tomando en cuenta las sociales y las técnicas; por ejemplo, de comunicación, de interacción con diferentes tipos de partes interesadas, o de desarrollo de capacidades en las unidades técnicas municipales (ATM). A menudo el personal desarrolla competencias en la práctica y la curva de aprendizaje puede ser larga. Los aspectos de contratación, retención y reemplazo de personal calificado en ciudades pequeñas fuera de Lima pueden cobrar mayor importancia en el futuro. Más aún, ahora las mujeres están infrarrepresentadas en el nivel directivo superior, al ocupar solo cuatro de cada 16 puestos en ese nivel.

Velar por que la Sunass siga siendo un lugar atractivo para trabajar será fundamental para retener el talento necesario para cumplir con los lineamientos del sector y tener un buen desempeño dados los nuevos objetivos. Los salarios de la Sunass son competitivos dentro del sector regulado, aunque más bajos que los de otros reguladores peruanos del sector. La rotación de personal es relativamente alta (Cuadro 1.3) y las oportunidades de avance profesional son limitadas debido a la rigidez del régimen laboral de la función pública. En general, es preciso que la Sunass garantice una remuneración adecuada y paquetes de beneficios que recompensen a los funcionarios de alto desempeño.

Podría requerirse tomar medidas para generar confianza entre el personal respecto de la igualdad de trato. El regulador deberá recuperar la confianza después de los problemas suscitados por el retraso en el pago de los salarios del personal, lo cual provocó una serie de demandas laborales. Por otra parte, más del 40% del personal trabaja en las oficinas descentralizadas y esta proporción podría crecer a medida que se deleguen más funciones. El pago a los nuevos empleados de dichas oficinas de salarios más altos en comparación con los del personal de las oficinas centrales podría generar tensiones que obstaculicen las relaciones laborales constructivas y la transmisión de conocimientos y experiencia institucionales.

Cuadro 1.3. Rotación de personal, 2017-2020

	2017	2018	2019	2020
Porcentaje de rotación	18	20	18	13

Fuente: Información proporcionada por la Sunass, 2021.

Según lo permite la ley y se practica en toda la administración pública, muchos puestos de alta dirección en la Sunass se ocupan sin recurrir a ningún proceso de selección público y competitivo. Dieciocho puestos del organismo —sobre todo los de alta dirección (es decir, directores y jefes de direcciones y oficinas)— son nombrados bajo la modalidad de "puestos de confianza". Tal práctica, aunque está permitida por la ley, puede despertar un sentido de falta de transparencia en la contratación y los nombramientos. Esta forma de contratación también podría obstaculizar la continuidad de la práctica y la toma de decisiones en la Sunass, ya que muchos puestos de alta dirección pueden cambiar al ser ocupados por nuevos líderes.

Recomendaciones

En el corto plazo:
- **Consolidar** el grupo de talentos necesario para el nuevo mandato y las responsabilidades de la Sunass con foco en su contratación y retención.
    - Adoptar un enfoque más proactivo para obtener y desarrollar las competencias necesarias, en particular en los mercados laborales locales. Por ejemplo, la Sunass podría colaborar con las distintas universidades para desarrollar programas de regulación económica (en conjunto con otros reguladores económicos peruanos) y especializaciones en ingeniería hídrica.
    - Poner en marcha un paquete más amplio de beneficios laborales, con miras a que la Sunass siga siendo un sitio atractivo para trabajar, al prestar especial atención a garantizar la igualdad de trato entre todos los empleados.

En el mediano plazo:
- **Recompensar** internamente el buen desempeño al continuar implementando incentivos no monetarios. Por ejemplo, la Sunass podría instituir premios al funcionario del mes u ofrecer más oportunidades de capacitación a quienes obtienen buenos resultados.
- **Poner en marcha** un proceso de selección de puestos de confianza para garantizar la continuidad y la estabilidad en el proceso de toma de decisiones regulatorias.
- **Implementar** prácticas de contratación que incorporen la perspectiva de género, con el fin de aumentar la representación de las mujeres en los niveles superiores de la organización.

Organización y gestión internas

Si bien se está mejorando la capacidad en las oficinas descentralizadas, el proceso podría ser entorpecido por los protocolos de comunicación. Las 24 oficinas descentralizadas de la Sunass han asumido cada vez más funciones y se espera que la tendencia persista. Las oficinas descentralizadas afrontan limitaciones en términos de recursos y capacidades limitados cuyo desarrollo requiere tiempo. Las comunicaciones con las oficinas centrales se gestionan en términos jerárquicos a través del jefe de cada oficina descentralizada, quien reporta a la Dirección de Ámbito de la Prestación en Lima, en vez de que cada especialista se comunique con sus colegas en su área técnica. En la actualidad las oficinas descentralizadas reciben directrices y sesiones periódicas de formación por parte de sus pares técnicos de las oficinas centrales (por ejemplo, la Dirección de Fiscalización), pero no tienen un canal de comunicación directo con ellas, lo que impide el intercambio de conocimiento y la comunicación fluida.

Con la expectativa de aumentar la delegación de funciones a las oficinas descentralizadas, la congruencia en las prácticas entre las oficinas será fundamental para alcanzar la eficacia y la previsibilidad de la aplicación de la regulación. Es loable que la Sunass establezca oficinas descentralizadas en poco tiempo y en el difícil contexto de la pandemia de COVID-19. En el futuro, contar con un nivel suficiente de interacción entre las oficinas descentralizadas y las oficinas centrales de la Sunass será imprescindible para armonizar las prácticas entre ellas, pero también para aprender de las buenas prácticas vinculadas con la ejecución de actividades regulatorias. Para ayudar a estandarizar las prácticas, la Sunass ya estableció macrorregiones y reuniones periódicas entre los jefes de oficinas descentralizadas y la alta dirección en las oficinas centrales, pero dichas reuniones no se realizan en el mismo nivel, entre equipos. La Sunass tendrá que asegurar la congruencia y la previsibilidad —para así garantizar la igualdad de trato de las entidades reguladas—, sin restarle a las oficinas descentralizadas la capacidad de ajustar las prácticas de acuerdo con las circunstancias locales. Tal vez no siempre sea conveniente delegar todos los aspectos de las actividades regulatorias a las oficinas descentralizadas, pues podría redundar en deficiencias en las actividades que requieren conocimientos más específicos fuera del alcance de las oficinas pequeñas.

Recomendaciones

En el corto plazo:

- **Mantener** suficiente capacidad técnica en las oficinas centrales y actualizar el Reglamento de Organización y Funciones (ROF) de los departamentos especializados, para fiscalizar la metodología y la calidad del trabajo de las oficinas descentralizadas.
- **Desarrollar** una hoja de ruta para delegar funciones a las oficinas descentralizadas y darla a conocer con claridad a todo el personal.
  - Evaluar los costos y beneficios relacionados con la delegación de funciones basadas en conocimientos expertos específicos y de apoyo, para así velar por la eficiencia en el uso de los recursos.
  - Definir un cronograma y la distribución de responsabilidades para delegar actividades. Algunos factores por considerar son las capacidades actuales y requeridas en las oficinas descentralizadas, así como los riesgos que podrían afectar la calendarización.
- **Construir** una "identidad" y una "cultura" congruentes y consistentes de la Sunass como regulador económico independiente tanto en las oficinas centrales como en las descentralizadas. Para lograrlo, la Sunass podría considerar:
  - Incrementar el nivel de interacción entre las distintas oficinas con el fin de intercambiar información y buenas prácticas. Una interacción más horizontal (entre el personal técnico que trabaja en asuntos semejantes en diferentes oficinas) puede ayudar a asegurar que la ejecución de las actividades regulatorias sea congruente y sustentada. Por ejemplo, la Sunass podría desarrollar comunidades de práctica que reúnan a funcionarios de toda la organización (y de otros reguladores y autoridades públicas) interesados en temas particulares como fiscalización, comunicación para el desarrollo, nuevas tecnologías en materia de saneamiento, entre otros (Recuadro 1.7).
  - Continuar aumentando los conocimientos expertos del personal de las oficinas descentralizadas mediante actividades de formación y desarrollando mecanismos para asegurar que los funcionarios con muchos años de servicio transmitan sus conocimientos y su pericia a los recién contratados, sobre todo en las oficinas descentralizadas.
  - Velar por la congruencia en el método en todas las oficinas descentralizadas, de modo que cada una de las partes de la organización opere apegándose a los mismos estándares, códigos y prácticas organizacionales. La Sunass podría adoptar una organización con estructura matricial en la que los diferentes equipos se agrupen por funciones y no por ubicación. Además, o como alternativa, las direcciones ubicadas en las oficinas centrales podrían responsabilizarse de brindar orientación sobre el trabajo realizado en las descentralizadas u otorgar su aprobación final.
  - Facilitar el intercambio de personal entre las oficinas centrales y las descentralizadas; por ejemplo, con colocaciones temporales de tres a seis meses. Esto apoyaría no solo la transmisión de conocimientos y prácticas, sino también protegería contra la captura regulatoria de las oficinas descentralizadas. Los intercambios a corto plazo, incluidos los destinados a la capacitación presencial en las oficinas centrales o en las descentralizadas, también fortalecerían los contactos y la participación personal cruzada, lo que sería muy útil para consultas posteriores diarias de colegas en diferentes sitios.

Recuadro 1.7. Establecimiento de "comunidades de práctica"

Los reguladores han establecido comunidades de práctica que reúnen al personal interesado en temas concretos como una forma de compartir conocimientos y mantenerse actualizado respecto de los más recientes adelantos.

Comunidades de Práctica en la Comisión Australiana de Competencia y Consumo (ACCC) y el Regulador Australiano de la Energía (AER)

La ACCC y el AER tienen varias comunidades de práctica internas, entre ellas, una comunidad de práctica en materia de Comunicaciones y Participación y otra de Gobernanza de Información. Asimismo, el regulador opera con redes internas donde se reúne a personas con ideas afines que utilizan herramientas o enfoques específicos. Por ejemplo, la "Red de Análisis Cuantitativo" se reúne con regularidad para debatir y aprender sobre herramientas y técnicas de análisis cuantitativo (como R, Excel y Python). Una "Red de Economía" sostiene reuniones para compartir temas y avances en el ámbito económico.

Redes profesionales en la Autoridad de Correos y Telecomunicaciones de Suecia (PTS)

En las redes profesionales internas de la Autoridad de Correos y Telecomunicaciones de Suecia (PTS) se ofrece la oportunidad de que los empleados de diferentes departamentos y unidades se reúnan y hablen sobre temas de interés mutuo. La estructura y conformación de las redes, que varían según el tema y el objetivo, pueden cambiar con el tiempo. Se cubren algunos temas como la facilitación de talleres y la inteligencia competitiva o, simplemente, se proporciona un foro para que todos los abogados miembros de la autoridad se reúnan y compartan opiniones.

Una de las redes más antiguas y consolidadas es la relacionada con la supervisión. La PTS está organizada de tal modo que diferentes departamentos supervisan a los actores del mercado con base en diversas legislaciones y regulaciones. Los foros de supervisión propician que todos los miembros del personal que intervienen activamente en labores de supervisión intercambien opiniones e ideas, pero también una forma de que la PTS se proponga garantizar la congruencia de sus procesos en todos los departamentos. Si bien la supervisión se basa en cierta medida en marcos jurídicos diferentes y podría justificarse la adopción de enfoques distintos, el propósito es contar con procesos congruentes siempre que sea posible.

Los foros se reúnen dos veces al año y entre uno y otro puede intercambiarse información sobre casos en curso u otros temas interesantes. También se invita a aportar su perspectiva sobre la supervisión de otros reguladores a oradores externos o, por ejemplo, a los Defensores del Pueblo del Parlamento, quienes velan por que las autoridades públicas y su personal cumplan las leyes y otros estatutos que rigen su actuación.

El foro es administrado por un grupo de funcionarios que supervisan diferentes departamentos.

Fuente: Información proporcionada por la STP y ACCC/AER, 2020.

Proceso

Órgano rector y toma de decisiones

Se han establecido diversas medidas de protección para garantizar que los miembros del Consejo cuenten con las cualificaciones adecuadas y con integridad, pero un nuevo proyecto de ley podría afectar el carácter independiente de la adopción de resoluciones regulatorias. En la actualidad los miembros del Consejo son seleccionados por un comité compuesto por la PCM y los ministerios, y sus mandatos son escalonados. Los candidatos deberán tener calificaciones profesionales y académicas adecuadas, y en el caso del presidente ejecutivo se requiere que presente un examen público en el que se evalúa la experiencia sectorial de los candidatos. Sin embargo, en un proyecto de ley presentado a la Comisión del Congreso en septiembre de 2021 (Proyecto de Ley 21/2021-CR), se propone incorporar al Consejo a representantes de asociaciones de usuarios y consumidores, así como de organizaciones no gubernamentales. Los representantes mencionados no estarían sujetos a los mismos requisitos de experiencia profesional y académica. El proyecto podría confundir la función del Consejo de los reguladores económicos con los foros de participación de las partes interesadas. Integrar a representantes de las partes interesadas al Consejo de la Sunass debilitaría la fundamentación para una toma de decisiones regulatorias imparcial, previsible y experta.

La operación a tiempo parcial de los miembros del Consejo puede dejar poco espacio para tomar decisiones estratégicas. El Consejo de la Sunass tiene un mandato amplio, con responsabilidad exclusiva por la toma de decisiones regulatorias (excepto las resoluciones que implican sanciones), así como por fijar la dirección estratégica de la organización y monitorear el desempeño. Los miembros del Consejo trabajan a tiempo parcial, se reúnen dos veces al mes y suelen tener también otras ocupaciones. Cuando es necesario, se realizan reuniones extraordinarias del Consejo, pero estas no son remuneradas. Esta jornada parcial de los consejeros puede provocar un desequilibrio entre el tiempo dedicado a la adopción de resoluciones regulatorias y el debate estratégico. En la práctica, los miembros del Consejo rara vez rechazan las propuestas regulatorias, aunque sí solicitan ampliar los informes o hacer observaciones adicionales. Además, debido a los prolongados procedimientos de selección, en ocasiones algunos puestos del Consejo quedan vacantes, lo cual reduce aún más el nivel de control que el Consejo puede ejercer.

Dado el tiempo limitado que el Consejo puede dedicar a las actividades de preparación, la dirección general y las llamadas "reuniones previas al Consejo" son esenciales para salvaguardar la calidad de la adopción de resoluciones regulatorias. En la práctica, la Gerencia General de la Sunass actúa como el núcleo por el que transitan todas las propuestas, para después ser presentadas al Presidente Ejecutivo y al Consejo. También proporciona una plataforma para la armonización interinstitucional, donde se pueden buscar aportaciones de otras direcciones durante las reuniones previas al Consejo. En un contexto en el que los miembros solo cuentan con un tiempo limitado para prepararse para las reuniones del Consejo, las previas pueden ser una herramienta útil para incrementar el control de la adopción de resoluciones regulatorias.

Recomendaciones

En el corto plazo:

- **Velar** por que los miembros del Consejo dispongan de tiempo y recursos suficientes para adoptar resoluciones estratégicas (Recuadro 1.8). Estas podrían incluir, por ejemplo, la priorización de las actividades que más contribuyan a los objetivos estratégicos del regulador en un contexto en el que escasean los recursos.

- **Evaluar** las posibilidades de delegar determinadas responsabilidades en la adopción de resoluciones al organismo técnico del regulador, para que las responsabilidades del Consejo se centren más en la toma de decisiones estratégicas. Cualquier delegación de la toma de decisiones deberá acompañarse de mecanismos adecuados de transparencia y rendición de cuentas, para exigir que los responsables de tomar decisiones en todos los niveles de la organización se apeguen a ellos.
- **Mantener** y defender el requisito de que todos los miembros del Consejo cuenten con las cualificaciones profesionales y académicas adecuadas y se sujeten a requisitos de investigación idénticos. Asimismo, la Sunass puede buscar formas de fortalecer e institucionalizar la participación de los actores, pero decididamente fuera del Consejo del regulador (véase Compromiso y transparencia del proceso de participación).

En el mediano plazo:

- **Continuar** con la buena práctica de someter a exámenes públicos al presidente ejecutivo y **considerar** la posibilidad de implantar este requisito para todos los miembros del Consejo. Esto podría aportar medidas de protección más sólidas para cerciorarse de que todos los consejeros tengan el nivel adecuado de cualificaciones.
- **Fortalecer** el nivel general de participación del Consejo. Para este fin, la Sunass podría considerar:
  - Abogar por un cambio legislativo que permita que los miembros del Consejo operen a tiempo completo.
  - Organizar reuniones del Consejo con mayor frecuencia.
  - Retribuir a los miembros del Consejo por las reuniones extraordinarias.

Recuadro 1.8. Junta de gobierno (Pleno) del Instituto Federal de Telecomunicaciones (IFT) de México

La reforma de 2013 a la Constitución mexicana estableció el Instituto Federal de Telecomunicaciones (IFT) como un órgano público autónomo con personalidad jurídica y patrimonio propio, con poder de decisión y funcionamiento independiente. La autoridad se estableció para regular el espectro radioeléctrico, las redes, los servicios, la competencia y el desarrollo eficiente de los sectores de radiodifusión y telecomunicaciones. También actúa como autoridad en materia de competencia para estos mercados.

El Pleno es la máxima instancia de gobernanza y decisión del Instituto. Está compuesto por siete Comisionados a tiempo completo con derecho a voto, incluido su presidente. El Presidente del IFT preside el Pleno y el Instituto, y es su representante legal.

Los Comisionados permanecen en el cargo durante nueve años. Sus mandatos son escalonados para permitir que haya continuidad y no son renovables. Todos los comisionados tienen un voto, intervienen en la toma de decisiones complejas del sector y tienen funciones no delegables. Todos los comisionados están obligados a asistir a las sesiones plenarias, salvo causa justificada. Sus poderes no son limitados y se encuentran en igualdad de condiciones.

Fuente: información proporcionada por el IFT, 2018.

Herramientas de calidad regulatoria

El uso actual de la Sunass del Análisis de Impacto Regulatorio (AIR) muestra algunas deficiencias, pero el regulador ya avanza rápidamente en la mejora de las prácticas respectivas. En el informe de la OCDE *Política Regulatoria en el Perú*, publicado en 2016, se identificó la falta de análisis *ex ante* del impacto por parte de todos los reguladores peruanos (OECD, 2016[7]). La orientación al análisis costo-beneficio es limitada, por lo cual no se miden todos los costos y esto dificulta la comparación de diferentes opciones regulatorias. Además, no se dispone de un requisito de proporcionalidad para ajustar el nivel de evaluación a los posibles efectos de las nuevas regulaciones. Para mejorar su actuación y actuar en consonancia con las mejores prácticas internacionales, la Sunass recibió asistencia técnica de la OCDE y en 2021 se desarrollaron directrices internas para el análisis de impacto regulatorio (OECD, 2021[8]).

La Sunass no realiza una evaluación *ex post* de las regulaciones, con lo cual pierde la oportunidad de evaluar su eficacia y resaltar el impacto de la organización en el sector. La evaluación *ex post* de las regulaciones es una herramienta valiosa para analizar si se han logrado los objetivos previstos y si es necesario ajustar los métodos. En particular en un contexto con cambios más complejos en el marco regulatorio (como las nuevas responsabilidades de la Sunass en las zonas rurales y su trabajo para integrar a los proveedores de servicios), la evaluación *ex post* mejoraría la apreciación de la eficacia del regulador.

> *Recomendaciones*

En el corto plazo:

- **Aprobar** las directrices técnicas sobre el AIR ahora en la etapa de desarrollo, como parte de las reformas posteriores a la provisión de asistencia técnica de la OCDE.
- **Asignar** el control de calidad del AIR a otro organismo ajeno a la Dirección de Políticas y Normas, para asegurar un nivel mínimo de calidad para todos los AIR.

En el mediano plazo:

- **Establecer** el AIR como un paso obligatorio en el desarrollo de todas las regulaciones, con excepciones limitadas basadas en criterios claros.
- **Utilizar** la reforma y la aprobación de las directrices internas de AIR para que este opere en toda la organización. Para tal efecto, la Sunass tendría que:
  - Procurar una rápida implementación y toma de conciencia en toda la organización sobre las directrices del AIR, con el fin de establecer procesos claros, criterios para las excepciones y procedimientos de consulta pública
  - Focalizar el uso del AIR en proporción a la importancia de la regulación. El nivel de profundidad del análisis deberá depender de la magnitud del impacto regulatorio y centrar la labor en las medidas regulatorias más importantes y de mayor impacto (OECD, 2020[9]).
  - Comparar opciones alternativas basadas en costos y beneficios más elevados. Los costos más elevados incluyen "costos directos (administrativos, financieros y de capital), así como costos indirectos (de oportunidad), ya sean asumidos por las empresas, los ciudadanos o el gobierno" (OECD, 2012[10]).
- **Implantar** una evaluación *ex post* sistemática de todas las regulaciones (importantes), condición necesaria para asegurar que estas sean eficaces y eficientes (OECD, 2012[10]). Al hacerlo, la Sunass debería tomar en cuenta las recomendaciones planteadas en el informe de la OCDE de 2020, *Reviewing the Stock of Regulation* (Revisión del acervo regulatorio). Entre otras, se sugiere garantizar que "las revisiones *ex post* sean parte integral y permanente del ciclo regulatorio" y "se consulte a las partes afectadas, utilizando procesos lo más accesibles posible".

Las evaluaciones *ex post* deberán implementarse de manera gradual iniciando con proyectos piloto, pero avanzando hacia su aplicación sistemática en toda la organización.

Sanción y fiscalización regulatorias

La Sunass dispone de una gama limitada de sanciones para abordar de manera eficaz el mal desempeño de las EPS y muchas de estas entran en un "régimen transitorio" que afecta la continuidad del sector. La Sunass informa que las sanciones monetarias no han logrado del todo reducir los altos niveles de incumplimiento del sector. El regulador también tiene facultades para destituir a los directivos de las EPS, pero este tipo de mecanismo se centra en los casos en que la dirección no cumple con los requisitos legales necesarios para ocupar el cargo o en que exista un conflicto de intereses. Disponer de un conjunto limitado de herramientas de sanción para fomentar un mejor desempeño de las EPS, combinado con otras dificultades sectoriales como las restricciones financieras, implica que en la actualidad 19 de las 50 EPS se han acogido al Régimen de Apoyo Transitorio (RAT) por motivos de bajo desempeño. Dichas empresas son dirigidas por el Organismo Técnico de la Administración de los Servicios de Saneamiento (OTASS) durante un periodo máximo de 15 años. El éxito de este régimen dependerá de la capacidad de alcanzar una mejora en la gestión más allá del corto plazo, para asegurar la sostenibilidad del sector.

El uso de la Sunass de un modelo diferenciado para sancionar a los prestadores de servicios rurales parece razonable y pragmático, pero aún no queda claro si los modelos provocan el cambio de comportamiento y el cumplimiento deseados. Aunque es algo que se encuentra dentro de sus facultades, la Sunass decidió no sancionar a los prestadores de servicios rurales por un periodo de al menos dos años, en contraste con su modelo de sanción de las EPS. En cambio, la Sunass brinda apoyo e incentivos para que los proveedores rurales mejoren la prestación de sus servicios. Dado el tiempo relativamente corto en el que se ha utilizado este enfoque, todavía no se comprueba si esta diferenciación está rindiendo los resultados deseados.

La fiscalización del sector es un reto debido al gran número y a los diferentes tipos de prestadores de servicios, la limitada capacidad de la Sunass para las labores de fiscalización y la falta de cultura de cumplimiento. Las oficinas descentralizadas tienen un ámbito de competencia limitado debido a su capacidad, lo cual les dificulta mucho llegar a las 50 EPS y los 25 000 prestadores de servicios rurales. Un informe del OCI también plantea la limitada capacidad de la Dirección de Fiscalización de la Sunass y esta reporta que, debido a su falta de recursos financieros, las actividades de fiscalización no cuentan con financiamiento suficiente. La Sunass se basa en una estrategia para involucrar a las ATM en la interacción con los prestadores de servicios rurales, quienes desempeñan una función crucial que podría ampliar el ámbito de competencia del regulador, para cubrir a todos los prestadores de servicios rurales. Sin embargo, las capacidades de las ATM también tienden a estar restringidas. Esto genera una baja capacidad general para fiscalizar a los diferentes tipos de prestadores de servicios. Por otra parte, en 2020 el 70% de las medidas correctivas detectadas en actividades de fiscalización de las EPS no se aplicaron, lo que redunda en acciones sancionadoras. Las infracciones a menudo se relacionan con el incumplimiento en términos de control de los procesos de tratamiento, aspectos operativos y calidad de la facturación. Dado el bajo nivel de cumplimiento general y el complejo contexto del sector, la Sunass puso en marcha diversas actividades de fomento del cumplimiento, tales como la evaluación comparativa o benchmarking, las sesiones de orientación sobre las regulaciones y seminarios sobre el buen gobierno corporativo. Esta iniciativa para desarrollar capacidades, que puede sustentar una cultura de cumplimiento y desempeño, adquiere mayor dificultad por el alto nivel de rotación de tanto líderes como del personal de los servicios de agua. Además, la asignación desde una perspectiva política de los gestores de los servicios públicos coarta tanto la eficacia operativa como la planificación de largo plazo.

Muchos otros órganos de fiscalización tienen responsabilidades en el sector, pero los bajos niveles de colaboración generan ineficiencia. Estos resultados muestran semejanzas con los presentados en el informe de la OCDE 2020 sobre el Organismo de Evaluación y Fiscalización Ambiental (OEFA), que señaló en ese contexto la necesidad de un mayor nivel de coordinación, más claridad en los mandatos y mejoras en el intercambio de datos entre instituciones (OECD, 2020[11]; OECD, 2020[11]). En el sector del agua, diferentes organismos supervisan y sancionan aspectos de la prestación de servicios que, en muchos casos, están estrechamente relacionados o incluso son interdependientes. Por ejemplo, la fiscalización de la frecuencia de las pruebas de calidad corresponde a la autoridad sanitaria en caso de que la EPS tenga un plan de control de calidad, pero la Sunass la realiza en caso de que no lo haya (lo cual suele suceder). Ahora no existen enfoques conjuntos para la fiscalización general y el nivel de interacción e intercambio de datos es aún bajo. Esto puede ocasionar asimetrías en la información que podrían dañar la eficacia de la fiscalización y la sanción.

Recomendaciones

En el corto plazo:

- **Incrementar** la interacción con otros órganos de fiscalización del sector, analizando los posibles beneficios de los métodos conjuntos para fiscalizar e institucionalizar el intercambio de información, aumentar la eficacia y la eficiencia del marco general.
- **Hacer públicos** los resultados de la fiscalización en los casos en que esto sea posible desde la perspectiva jurídica, con el fin de aumentar la conciencia ciudadana y la transparencia.

En el mediano plazo:

- **Alentar** un cambio de comportamiento hacia el cumplimiento y una mejora de los resultados. Para tal fin, la Sunass podría:
  - Utilizar enfoques conductualmente fundamentados al cumplimiento y el desempeño, sobre todo en las zonas donde los medios de ejecución más tradicionales no estén disponibles o no sean eficaces. En esta labor, la transparencia en el desempeño de las empresas de servicios públicos, mediante una comunicación personalizada, respaldaría el control público. La Sunass podría usar la *Guía de la OCDE para el cumplimiento regulatorio y las inspecciones*, que aborda el uso de enfoques de promoción del cumplimiento y basados en riesgos como parte del conjunto de herramientas regulatorias (OECD, 2018[12]).
  - Experimentar con modelos más basados en riesgos de fiscalización y un cambio de la focalización en el cumplimiento de los procedimientos hacia los resultados. Esto es particularmente relevante en un contexto en el que la supervisión activa de todos los prestadores de servicios puede ser inviable y en vista de los bajos niveles de cumplimiento en general. Los enfoques basados en riesgos y centrados en los resultados orientarían las medidas tomadas por el regulador a las áreas de desempeño más problemáticas y se centrarían en las infracciones que más importan, para así causar el mayor impacto (Recuadro 1.9; Recuadro 1.12; Recuadro 1.13).
  - Continuar con la buena práctica de brindar orientación en vez de sancionar a los prestadores de servicios rurales. Se recomienda que la Sunass considere minuciosamente estrategias alternativas para que los prestadores rurales estimulen el cumplimiento, por ejemplo, la evaluación comparativa entre ellos y la difusión de buenas prácticas, a partir de la evidencia disponible y tomando en cuenta sus perfiles. Esto podría hacerse mediante un mapeo de los orígenes del incumplimiento y los posibles puntos de intervención en los que el regulador sería capaz de influir en la práctica, para así analizar la eficacia de las diferentes opciones (*metodología de la vía causal*).

Recuadro 1.9. Marco regulatorio de confianza y rendición de cuentas verificadas (VTA) utilizado por la ESCOSA para los servicios de agua, alcantarillado y energía a pequeña escala y fuera de la red

La Comisión de Servicios Esenciales de Australia Meridional (ESCOSA) se encuentra en el proceso de adopción de un marco regulatorio de confianza y responsabilidad verificadas (VTA) para normar los servicios de agua, alcantarillado y energía a pequeña escala y fuera de la red proporcionados en dicho territorio. El modelo VTA representa un método de regulación específico y flexible. Su propósito es garantizar que los marcos regulatorios que aplica de conformidad con las leyes de regulación del sector sean congruentes con su objetivo estatutario principal, así como proporcionales y sensibles a los problemas recientes y emergentes. Los problemas pueden relacionarse con los cambios tecnológicos, operativos y ambientales o con otros factores que afectan la prestación de servicios minoristas de agua y alcantarillado, y la venta y/o suministro de servicios de electricidad y de gas a la región mediante redes a pequeña escala.

Además de tomar en cuenta las obligaciones normativas existentes, el nuevo marco está diseñado para aumentar la transparencia y priorizar que las redes a pequeña escala concesionarias ofrezcan a sus clientes y a la Comisión la seguridad de que los servicios que prestan son sostenibles en el mediano y largo plazos.

El marco empezará a funcionar formalmente en julio de 2022 tras una etapa de implementación, durante la cual la Comisión trabajará con los concesionarios en la generación de conjuntos de datos de referencia con los que asignará categorías a cada uno de ellos. Este proceso forma parte de la puesta en marcha del marco VTA. La Comisión evaluará a cada concesionario en función de su desempeño en materia de cumplimiento y sostenibilidad y lo clasificará en una de las dos categorías:

- Categoría A: concesionarios considerados confiables para gestionar sus redes de manera competente con una supervisión regulatoria menos vinculante. Los concesionarios de categoría A gozan del beneficio de presentar menos informes regulatorios.
- Categoría B: concesionarios en circunstancias de preocupación por el desempeño de la red —ya sea respecto del cumplimiento, la sostenibilidad del servicio a mediano y largo plazos (o ambos)— y en las que no parece contarse con una estrategia de reparación confiable y cuantificable. Eso no implica ni significa que la operación del concesionario sea insegura; más bien, indica que los clientes afrontan un nivel de riesgo de servicio mayor del adecuado.

En una hoja de datos se describe la metodología utilizada para clasificar a los concesionarios.

La Comisión trabaja con los concesionarios de categoría B y los supervisa a medida que desarrollen y apliquen estrategias de reparación, con el objetivo de que al reevaluarlos en el futuro se encuentren ya en categoría A. Los resultados de la evaluación de cada operador concesionario se pondrán a disposición del público. De este modo se garantiza la transparencia de clientes y concesionarios en lo que respecta al resultado de la evaluación.

Fuente: información proporcionada por ESCOSA, 2021.

Recuadro 1.10. Método de fiscalización basado en riesgos en Grecia

Desde 2016, a iniciativa del Secretariado General de Industria del Ministerio de Desarrollo e Inversión, Grecia trabaja en un proyecto integral de transformación del entorno empresarial. El proyecto se orienta a simplificar los procedimientos de concesión de licencias y la transición de los sistemas de fiscalización a un método basado en riesgos.

La Ley 4512/2018 estableció por primera vez los principios de supervisión basada en riesgos, cuyo fin es mejorar el bienestar de los consumidores al reducir los riesgos (actuales o potenciales) para el interés público, como la salud, la seguridad y la protección del medio ambiente. Al mismo tiempo, se orienta a crear el entorno para un mecanismo de fiscalización eficaz y eficiente sin generar cargas adicionales (o innecesarias) para las empresas.

El nuevo marco se centra en el cumplimiento de las empresas, mediante la implementación de herramientas innovadoras como las listas de comprobación para la fiscalizaciones, la planificación basada en riesgos, un modelo de gestión de reclamos (MGR) y el modelo de gestión de cumplimiento (MGC). El modelo de fiscalización griego consta de tres pasos: 1) planificación, 2) ejecución y 3) sanción.

1. Planificación: La planificación de las fiscalizaciones se realiza cada año y las autoridades competentes determinan los criterios de riesgo. Los principales criterios son: a) la evaluación del riesgo que una actividad económica implica para el interés público, b) los recursos disponibles en poder de la autoridad y c) los resultados de fiscalizaciones previas.

2. Ejecución: La fiscalización de las actividades económicas se realiza utilizando listas de verificación. En una lista de este tipo se incluyen preguntas para recabar información sobre la empresa y también preguntas para facilitar que el fiscalizador compruebe si la empresa cumple con la legislación aplicable. Se trata de una herramienta de evaluación que cubre los requisitos esenciales o las categorías de aquellos directamente relacionados con el riesgo que la actividad específica podría entrañar y que las empresas deben cumplir. Realizar fiscalizaciones siguiendo esta lista garantiza una toma de decisiones eficaz al abordar los riesgos identificados.

3. Sanción y MGC: Grecia desarrolló el MGC para cerciorarse de que las actividades económicas se lleven a cabo respetando los criterios proporcionados (también basados en riesgos). El MGC es un "árbol de decisiones" que brinda a los fiscalizadores orientación, criterios y parámetros adecuados antes de que decidan qué medidas es adecuado adoptar si se detectan infracciones.

Un aspecto importante del MGC es que "impulsa" a los fiscalizadores a no imponer multas u otras medidas administrativas estrictas, si es posible lograr el cumplimiento con medidas más flexibles (por ejemplo, ofrecer a la empresa orientación o recomendaciones por escrito) que también generan confianza entre el sector público y el privado. La decisión se basa en el análisis de riesgos, así como en los principios de proporcionalidad, transparencia y uniformidad. El foco de interés de este modelo no es imponer una multa o una acción más estricta, sino apoyar a las empresas para que acaten las regulaciones, dado que el cumplimiento es un requisito previo para que el entorno empresarial sea amigable y competitivo. Por consiguiente, la primera herramienta disponible para el fiscalizador es la aportación de directrices y asesoramiento (véase el Cuadro 1.4).

Cuadro 1.4. Medidas basadas en la categorización del riesgo

Nivel de cumplimiento	Tipos de medidas de cumplimiento						
	Orientación y asesoramiento	Recomendación para el cumplimiento estipulada por escrito	Imposición de una multa	Cierre temporal o permanente	Prohibición de productos	Informe a la fiscalía pública	Sanciones administrativas basadas en la ley
Riesgo alto (infracción importante)	✓	✓	✓	✓	✓	✓	✓
Riesgo medio (infracción moderada)	✓	✓	✓	-	-	-	✓
Riesgo bajo (infracción leve)	✓	✓	-	-	-	-	-

Si bien Grecia se someterá a una evaluación de sus herramientas de supervisión en los próximos años, hasta ahora, el marco ha tenido resultados positivos y apoya los esfuerzos encaminados a mejorar el entorno regulatorio de las empresas del país. Además, ofrece un marco transparente y justo al cambiar el paradigma, ya que las autoridades públicas no siguen el modelo de fiscalización punitivo, sino que alientan y apoyan a las empresas para cumplir con lo requerido. Por tanto, se crea una relación de confianza y cooperación entre el gobierno y las empresas.

Fuente: Información facilitada por el Secretariado General de Industria de Grecia, 2021.

Recuadro 1.11. Estrategia de control y cumplimiento de la Comisión de Competencia y el Consumidor de Australia (ACCC)

En Australia, la ACCC desarrolló una estrategia de control y cumplimiento que se comunica a todas las partes interesadas. Para lograr los objetivos de cumplimiento, la Comisión utiliza cuatro estrategias integradas:

- Fomentar el cumplimiento de la ley al formar e informar a los consumidores y a las empresas de sus derechos y responsabilidades.
- Hacer cumplir la ley, lo cual incluye resolver posibles infracciones tanto por la vía administrativa como por la judicial, y otros resultados de la ejecución formal.
- Realizar estudios de mercado o elaborar informes sobre problemas emergentes de competencia o consumo, con miras a identificar cualquier falla del mercado y cómo abordarla, así como a apoyar y sustentar las medidas de control y cumplimiento e identificar posibles áreas de consideración en materia de políticas.
- Trabajar con otros organismos para poner en marcha estas estrategias, incluso mediante métodos coordinados.

La ACCC es selectiva en cuanto a los asuntos que investiga y a los sectores en los que se dedica a la formación y la realización de análisis del mercado. La ACCC utiliza las prioridades anuales de cumplimiento y aplicación de la ley para fundamentar la toma de decisiones a este respecto.

Al decidir qué herramienta de control o cumplimiento (o una combinación de varias) se utilizará, la principal prioridad es siempre lograr el mejor resultado posible para la comunidad y gestionar el riesgo de forma proporcional. Las medidas de sanción de la ACCC buscan aumentar al máximo el impacto sobre todo un sector industrial. Por ejemplo, la Comisión utiliza el resultado de un procedimiento judicial para fomentar que otros participantes del sector mejoren sus prácticas.

La función de la ACCC consiste en prestar atención a las circunstancias que resulten o puedan resultar nocivas para el proceso competitivo o causar un daño generalizado a los consumidores. Por consiguiente, la ACCC ejerce su criterio para dirigir los recursos a los asuntos que brinden el mayor beneficio en términos generales.

Cada año, la ACCC estudia las prioridades de control y cumplimiento. Las prioridades se determinan tras emprender una consulta externa y evaluar los problemas actuales o emergentes y su efecto en los asuntos regulados. La Comisión da a conocer públicamente sus prioridades en el mes de febrero de cada año. Las prioridades se difunden buscando promover el cumplimiento en todo el mercado y gestionar las expectativas del público respecto de la capacidad de la ACCC para ocuparse de asuntos que trascienden sus áreas prioritarias. En Australia, diversas partes interesadas clave responden activamente a la notificación de las prioridades de la ACCC y adoptan medidas activas para mejorar el cumplimiento.

Fuente: Información proporcionada por la ACCC, 2021.

Compromiso y transparencia del proceso de participación

Los consejos de usuarios tienen la capacidad de aumentar la participación de los consumidores en el proceso regulatorio, pero tendrán que fortalecerse para cumplir con este propósito. Los niveles de actividad difieren entre un Consejo y otro; solo el Consejo de Usuarios de Lima se reúne periódicamente. Si bien los consejos deben estar compuestos por cinco a seis miembros, en la práctica no sucede así. Además, los consejos de usuarios deben estar representados en los grupos no atendidos o poco atendidos y en realidad este no parece ser el caso, lo que representa una pérdida de la oportunidad de reflejar diferentes perspectivas en las prioridades de los usuarios. Los consejos de usuarios rara vez emiten resoluciones, llevan a cabo eventos en los que se toquen temas regulatorios o se transmitan consultas de los usuarios con las comunidades, que son parte de sus funciones. Además, no reciben recursos de la Sunass. Todos los reguladores económicos peruanos están obligados a establecer consejos de usuarios y hay grandes diferencias entre los sectores respecto de la manera como operan y hacen sus aportaciones; habría margen para el aprendizaje cruzado entre reguladores para aumentar el valor añadido de este mecanismo de participación.

La Sunass tiene ante sí el reto de involucrar a todos los consumidores en el proceso regulatorio, incluidos los posibles usuarios y aquellos ubicados en sitios de difícil acceso. La participación de la Sunass con los usuarios se centra en gestionar reclamos y controversias, pero la participación en la adopción de resoluciones regulatorias es relativamente escasa. Puesto que tanto el alcance de la consulta pública como la participación de los consejos de usuarios son limitados, la Sunass quizá no pueda interactuar con todos los consumidores, con miras a velar por que sus perspectivas e intereses se tomen en cuenta lo suficiente en dicha toma de decisiones regulatorias. Solo el 13% de los consumidores conocen las funciones de la Sunass y muchos materiales no están disponibles en los idiomas locales; por consiguiente, muchos de los pertenecientes a grupos vulnerables no estarán informados de la posibilidad de participar en el proceso regulatorio para aportar y presentar sus opiniones. Este puede ocurrir en particular con los usuarios de las zonas rurales o con aquellos que no tienen acceso a Internet. Sin embargo, la participación con todo tipo de consumidores actuales y potenciales será fundamental en un contexto en el que prevalece la resistencia a pagar una tarifa por el agua.

Más allá de los consejos de usuarios, los reguladores económicos peruanos no están obligados a establecer otros órganos de participación de las partes interesadas y la Sunass podría aprender de la experiencia de otros países para fortalecer la práctica. Los proyectos de regulaciones están abiertos a los comentarios del público; sin embargo, la Sunass no siempre convoca a una audiencia pública para recabar los puntos de vista de las partes interesadas. En el informe de 2021 *Implementación del Análisis de Impacto Regulatorio en la Superintendencia Nacional de Servicios de Saneamiento del Perú* se menciona que en la actualidad la Sunass no cuenta con un mecanismo para la consulta temprana de propuestas regulatorias y esto provocaría que faltaran información y aportaciones para identificar problemas de políticas públicas (OECD, 2021[8]). Puede haber un ámbito, en particular en el sector del agua y el saneamiento, en el que el cumplimiento y la capacidad dificultan la mejora de la participación de los operadores en el proceso regulatorio mediante foros que reúnan a todas las partes interesadas y expertos pertinentes.

Recomendaciones

En el corto plazo:

- **Asegurar** que se lleven a cabo audiencias públicas sobre todas las nuevas propuestas regulatorias que afecten en gran medida a las partes interesadas.
- **Establecer** reuniones más frecuentes entre la Sunass y los consejos de usuarios, lo que permite entablar un debate continuo sobre las próximas propuestas regulatorias, los retos más generales del sector y la función del regulador en este.
- **Proporcionar** un mayor nivel de transparencia sobre las aportaciones de los consejos de usuarios, mediante la publicación en el sitio web de la Sunass de opiniones sobre las propuestas regulatorias y de las respuestas del regulador.
- **Reforzar** las aportaciones de los consejos de usuarios al proceso de toma de decisiones. Para empoderar a dichos consejos, la Sunass podría:
  - Asegurarse de que los miembros del Consejo de Usuarios representen a toda la diversidad de usuarios del Perú
  - Asignar un nivel mínimo de recursos que facilite la participación de los consejos de usuarios
  - Brindar capacitación a los miembros de los consejos de usuarios para explicar en qué consiste el marco regulatorio y analizar las formas en que pueden contribuir a la adopción de resoluciones regulatorias
  - Establecer intercambios periódicos entre los reguladores económicos peruanos sobre las experiencias y buenas prácticas relacionadas con la participación de los consejos de usuarios en el proceso regulatorio, para así generar oportunidades de aprendizaje mutuo.
- **Considerar** mecanismos alternativos para mejorar el nivel de interacción con los consumidores vulnerables, incluida una comunicación más focalizada con un lenguaje sencillo y en los idiomas locales.

En el mediano plazo:

- **Incrementar** el valor agregado y los efectos de la participación de las partes interesadas, para trascender de un simple requerimiento legislativo y establecerlo como un elemento principal dentro del proceso de toma de resoluciones regulatorias (Recuadro 1.12). Para tal fin, la Sunass podría considerar:
  - Utilizar la consulta previa como instrumento para participar con todas las partes interesadas y reunir información que contribuya al análisis de la complejidad del problema y la idoneidad de las posibles opciones regulatorias

o Explorar el establecimiento de órganos ad-hoc o permanentes de participación que reúnan a todas las partes interesados y posiblemente a expertos del sector, para aportar opiniones preliminares sobre el proceso regulatorio y procurar generar el intercambio de puntos de vista sobre los planes y retos prevalecientes (Recuadro 1.13)

Recuadro 1.12. Prácticas de participación, consulta y transparencia en la Entidad Reguladora de Servicios Energéticos (ERSE) de Portugal

En los procesos de toma de decisiones de la ERSE se aplican diversos mecanismos para fomentar la participación de los actores, la consulta y la transparencia. Incluyen el uso de:

- Consultas públicas
- Consultas con las partes interesadas
- Consultas previas
- Audiencias públicas
- Consejos consultivos

Los Estatutos de la ERSE requieren que, antes de aprobar o modificar cualquier regulación, el organismo consulte a todas las partes interesadas y al público en general. Dicha consulta debe prever un periodo de 30 días hábiles para aportar comentarios y sugerencias. Las comunicaciones recibidas se hacen del conocimiento público, a menos que el autor haya solicitado explícitamente que se respete la confidencialidad. Además, la ERSE debe fundamentar sus resoluciones por escrito, incluso en torno a las críticas o sugerencias que pudieran haberse expresado sobre su proyecto de resolución.

Además, cuando una resolución regulatoria afecta a un grupo específico de partes interesadas, la ERSE puede consultarlas de manera personalizada. Si se trata de situaciones excepcionales y urgentes, los estatutos también permiten que la ERSE lleve a cabo una consulta rápida, de ocho días consecutivos como mínimo, con los actores directamente afectados. Para temas particularmente complejos o delicados, la ERSE también puede hacer consultas antes de presentar una propuesta regulatoria para identificar las principales inquietudes de las partes interesadas. Este paso preliminar no sustituye a la obligación de emprender una consulta completa.

Los procedimientos internos para los diversos tipos de consultas propician que este proceso se lleve a cabo de manera congruente y confiable en todos los departamentos y áreas de políticas. Dichas directrices prácticas incluyen, entre otras: modelos estandarizados y los documentos de apoyo e informativos requeridos; la información que se proporcionará en la página de publicación del sitio web; el cálculo correcto del periodo de consulta; la gestión de información confidencial y datos personales, así como una guía detallada sobre el inicio, cierre, evaluación y finalización de la resolución regulatoria. Como parte de la consulta, la ERSE difunde sus propuestas, análisis y parámetros de apoyo, sus estudios de costo-beneficio y otras aportaciones que sustentan su proyecto de resolución.

Además del proceso de consulta por escrito, al desarrollar medidas regulatorias la ERSE convoca sistemáticamente a audiencias públicas. Aunque tradicionalmente las reuniones eran presenciales, la ERSE ha empleado cada vez más tecnologías digitales para incrementar su difusión y asegurarse de que sus acciones participativas no disminuyan debido a crisis epidemiológicas o de otro tipo.

Por otra parte, la ERSE consulta a las principales partes interesadas sobre sus diversas resoluciones por medio de tres órganos asesores independientes que emiten opiniones no vinculantes (consúltense mayores detalles en el Recuadro 1.13).

La ERSE combina rigurosos procesos de consulta con procesos más rápidos en casos urgentes y extraordinarios, lo cual permite agilizar la toma de decisiones cuando sea necesario, así como amplias prácticas de comunicación y publicación. A octubre de 2021, la ERSE había concluido un total de 100 consultas públicas desde su creación. En promedio, las consultas han durado 144 días (cinco meses); en dos casos, el proceso se completó en dos años.

Fuente: Información proporcionada por la ERSE, 2021.

Recuadro 1.13. La función de los órganos consultivos en el proceso de emisión de resoluciones regulatorias en la Entidad Reguladora de Servicios Energéticos de Portugal (ERSE)

Los Estatutos de la ERSE sientan las bases para el enfoque incluyente y transparente de emisión de resoluciones del regulador, mediante el establecimiento de tres órganos consultivos (denominados consejos), que contribuyen a desarrollar sus regulaciones técnicas, decisiones en torno a las tarifas y las amplias líneas de acción y deliberación seguidas por el Consejo Directivo de la ERSE. Los tres consejos consultivos (el Consejo Asesor, el Consejo Arancelario y el Consejo de Combustibles) constituyen un foro para lograr el consenso entre los actores clave.

Como parte de una política más amplia de consulta y participación (Recuadro 1.12), los consejos emiten opiniones no vinculantes sobre las propuestas regulatorias de la ERSE. Cabe destacar que, si el regulador no toma en cuenta las opiniones aportadas por los consejos, debe justificar por escrito por qué no ha adoptado los cambios propuestos. Junto con otros mecanismos de participación de la ERSE, este proceso garantiza la rendición de cuentas y fortalece la integridad de las decisiones del regulador. Además, proporciona una plataforma permanente para que las partes interesadas se reúnan y conozcan las perspectivas de los demás. De tal manera, los consejos brindan estabilidad a las partes interesadas y logran consensos en sus declaraciones en un promedio impresionante: 90% de los casos.

Los consejos están compuestos por un amplio espectro de representación del gobierno (nacional, regional y municipal), organizaciones de consumidores y la industria energética. Los miembros del consejo se desempeñan durante un periodo no remunerado y renovable de tres años. Cada consejo decide con qué frecuencia se reunirá para preparar sus opiniones. En términos generales, y con el fin de responder al número cada vez mayor de actividades y responsabilidades del regulador, pueden reunirse varias veces al mes. Todas las resoluciones de los consejos son aprobadas por mayoría de votos, aunque si los miembros no concuerdan con la opinión del consejo, en su totalidad o en parte, pueden manifestarlo en la presentación a la ERSE. Las resoluciones de los consejos se dan a conocer y se publican en el sitio web de la ERSE.

Dada la asimetría característica de la información y los recursos disponibles para la industria y para los consumidores, la ERSE procura de varias maneras facilitar la participación de estos últimos. En primer lugar, la industria y los consumidores deben tener un número igual de representantes. En segundo lugar, la ERSE otorga una prestación de subsistencia y asistencia a los representantes de los consumidores, así como a los del gobierno, los organismos públicos y de Azores y Madeira. Además, brinda capacitación a las asociaciones de consumidores domésticos que pertenecen a sus consejos consultivos, con el fin de desarrollar su capacidad y sus competencias para contribuir a las deliberaciones.

Fuente: Información proporcionada por la ERSE, 2021.

Reclamos

Los retos que se enfrentan en el sector se reflejan en el alto número de reclamos que la Sunass recibe. Se extraería mayor valor de esta información si se analizara de manera sistemática. Aunque la Sunass es solo el tercer recurso para los reclamos de los consumidores, el regulador recibe una gran cantidad de ellos, lo cual indica que el mecanismo directo para presentarlos primero ante los prestadores de los servicios no consigue conciliar las diferencias. En un intento por resolver los problemas antes de presentarse un reclamo oficial, la Sunass emprendió la Iniciativa ¡Participa, vecino!, con el fin de desarrollar una plataforma para un intercambio más informal entre los usuarios y los prestadores de servicios, utilizando microaudiencias para analizar las controversias y responder preguntas. Por tanto, por medio de su función relativa a los reclamos, la Sunass reúne información útil sobre temas de actualidad en el sector, la cual podría utilizarse para sustentar otras funciones como la fiscalización o la formulación de regulaciones. A veces, la información obtenida de los reclamos se utiliza para informar a otras áreas de las funciones de la Sunass, pero esto no se hace de manera sistemática.

Recomendaciones

En el corto plazo:

- **Evaluar** cómo mejorar la comunicación con los consumidores en torno a los aumentos de tarifas, el funcionamiento general del sector, la justificación para pagar por los servicios de agua y explicación de las facturas, para asegurarse de que los usuarios comprendan sus derechos en estas situaciones y lo que pueden esperar de la Sunass. Como parte de este esfuerzo, la Sunass podría recurrir a las percepciones conductuales para aumentar la disposición de los consumidores a cubrir una tarifa por los servicios de agua potable y saneamiento.

En el mediano plazo:

- **Utilizar** la información obtenida del procedimiento de reclamos para transferirla a otros procesos, con el fin de mejorar el actuar de la Sunass y el desempeño del sector. La Sunass podría analizar los temas abordados en los reclamos de los consumidores y publicar los resultados correspondientes para sumarlos a la información recabada. La información puede utilizarse para:
  - Reforzar la eficacia de los procesos regulatorios, al orientar las acciones a las áreas más problemáticas y posteriormente disminuir el número de reclamos
  - Brindar a las EPS capacitación y/o directrices focalizadas que les permitan brindar información clara sobre los derechos de los usuarios y las responsabilidades de los prestadores de servicios en relación con las áreas involucradas con mayor frecuencia en los reclamos (como se hizo con los reclamos relacionados con aumentos de tarifas). Esto provocaría que un mayor número de reclamos se traten de manera satisfactoria entre usuarios y proveedores, respaldando la eficacia del mecanismo para presentar los reclamos primero ante los prestadores de servicios.

Rendimiento y resultados

Recopilación, análisis y gestión de datos

La Sunass, junto con otros organismos públicos del sector, encara una escasa disponibilidad de datos sobre el desempeño del sector y ha empleado diversas iniciativas para abordar esta deficiencia. Desde 2004, la Sunass ha recogido datos de las EPS que se definen en la regulación. Sin embargo, en la práctica, la regulación no se enmienda con la frecuencia suficiente para seguir concordando con las necesidades de datos y esto provoca una discrepancia con las prácticas reales de recopilación de datos. A través de sus oficinas descentralizadas y sus ATM, la Sunass también ha recabado datos sobre 2 000 de los 25 000 prestadores de servicios rurales, lo que implica una gran mejora dada la falta inicial de datos. Por otro lado, el regulador aún está lejos de lograr una cobertura universal de datos para todo el sector.

Los esfuerzos de la Sunass para mejorar la eficacia e impulsar la transformación del sector se dificultan más por la falta de datos confiables y congruentes. Los datos son la piedra angular de la regulación económica basada en evidencia, pero muchos factores afectan la calidad de los datos que la Sunass tiene a su disposición. La calidad de los datos tiende a ser baja por la incongruencia en las prácticas de gestión de datos y la escasa capacidad de los empleados de los servicios públicos. A la Sunass no le es fácil capacitar al personal de los prestadores de servicios debido a su alto índice de rotación. Por último, la falta de automatización e infraestructura de TI por las restricciones presupuestarias, así como por los formatos complejos en los que en ocasiones se envían los datos, pueden alargar los procesos de validación de datos y obstaculizar el uso y el intercambio de datos internos.

El nivel relativamente bajo de intercambio de datos entre las instituciones públicas del sector atenta contra el uso eficiente de los recursos y podría representar una carga adicional para las entidades reguladas. El intercambio de datos no está institucionalizado; más bien, depende de las interacciones y relaciones personales. El MVCS lidera la gestión y la integración de los sistemas de información del sector, pero aún no está en marcha la interoperabilidad con el sistema de la Sunass. Se emprenden varias acciones para mejorar el intercambio de datos, pero los avances son lentos. Dado el bajo nivel de este intercambio, en ocasiones se requiere que los prestadores de servicios reporten los mismos datos a diferentes instituciones, a través de diferentes sistemas.

Recomendaciones

En el corto plazo:

- **Evaluar** si los requisitos actuales en términos de confiabilidad de los datos (en especial la declaración jurada) bastan para garantizar su calidad y en qué casos sería preferible y factible instaurar requisitos adicionales, como una auditoría.
- **Promover** el intercambio y la recopilación colectiva de datos al celebrar convenios institucionales sobre la gestión de datos con otros organismos públicos como el OTASS, el MVCS y el Instituto Nacional de Estadística (INEI) (Recuadro 1.14).

En el mediano plazo:

- **Calificar** a la implementación de estrategias de TI —como la automatización, la digitalización y el cambio a sistemas basados en la nube— como una prioridad en el proceso de planificación presupuestaria. Mejorar el uso y el intercambio de datos en el seno de la institución podría aumentar la eficacia de las operaciones y de las acciones y, por tanto, debe considerársele como una medida prioritaria.
- **Evaluar** si todos los datos reunidos en las empresas de servicios públicos son necesarios y utilizados por el regulador, y actualizar la regulación de su recopilación de ser necesario. Los requisitos en materia de datos deberán ser claramente comprensibles y no resultar demasiado onerosos para las empresas.
- **Proporcionar** a las EPS formación en línea y documentos guía sobre las definiciones de los datos y las formas de registrarlos y enviarlos. Esto sustentaría un método más estandarizado de recopilación de datos, basado en formatos de datos fáciles de procesar. Para tomar en cuenta los altos niveles de rotación de personal en las EPS, estas sesiones de formación y documentos deberán realizarse en un formato accesible en todo momento.

- **Basarse** en la labor de recopilación de datos sobre las zonas rurales realizada por la Sunass hasta ahora, para incrementar su disponibilidad e incluir a una mayor parte de las organizaciones comunales. Para lograrlo, la Sunass podría otorgar más facultades a las ATM y evaluar el potencial de automatización y digitalización prevaleciente en los procesos de recopilación de datos.

Recuadro 1.14. Compartir y utilizar datos para mejorar la gestión de riesgos en Italia

En fecha reciente, varias regiones e instituciones italianas han trabajado para optimizar el intercambio, el análisis y la utilización de la información, con miras a reducir las cargas e ineficiencias debidas a la duplicación de esfuerzos y a la falta de coordinación entre los diferentes servicios, así como para aumentar el apoyo a las economías regionales.

En Lombardía, en el modelo Mo.Ri.Ca para la supervisión de riesgos en las obras de construcción se utiliza la información proveniente de las notificaciones, la vigilancia y los accidentes (recabados a través de Impres@BI), con base en la cual se estima el nivel de riesgo de una obra determinada. Los criterios y las ponderaciones de riesgos, que antes se definían en forma empírica, ahora se optimizan mediante el aprendizaje automático (Machine Learning). El principal punto fuerte del modelo es que integra datos tomados de diversas fuentes, entre ellas los comunicados del sistema de salud, y mejora considerablemente la gestión de riesgos a un costo muy limitado.

En Campania, además del sistema GISA actual de planificación y gestión de todas las fiscalizaciones de seguridad alimentaria, las autoridades regionales trabajaron en conjunto con la Universidad de Nápoles Parthenope para desarrollar MytiluSE, un sistema de predicción de la calidad del agua, con el que es posible garantizar la seguridad de los mejillones producidos en la bahía de Nápoles. En lugar de invertir un gran número de recursos en controles *ex post* para detectar posibles fuentes de contaminación, el sistema funciona de forma preventiva al dar a conocer qué días podría resultar inseguro recolectar mejillones. Asimismo, ya en plena operación podrá informar a los productores y a la vez orientar el trabajo de fiscalización. Si bien para desarrollar el sistema fue necesario investigar las corrientes de la bahía de Nápoles, trazar mapas de las fuentes de contaminación y diseñar un modelo predictivo confiable, tiene potencial para transformar por completo la aplicación de las regulaciones. Por otra parte, el sistema se adaptó para predecir la contaminación atmosférica por humo, el cual puede afectar el forraje para los rebaños bovinos. El enfoque predictivo para los mejillones no solo es mejor para la economía y la eficiencia de los servicios públicos; también evita peligros para la salud de manera mucho más eficaz, dado que las pruebas microbiológicas y el muestreo requieren tiempo y sus resultados pueden llegar demasiado tarde y provocar la contaminación de otros productos recolectados el mismo día.

Fuente: Montella, R., et al. (2020), MytiluSE: Modelling mytilus farming System with Enhanced web technologies, Universitá degli Studi di Napoli Parthenope, Sciences and Technology Dipartiment, por encargo de la región de Campania, Unitá Operativa Dirigenziale Prevenzione e Sanitá Pubblica Veterinaria (presentación), citado en (OECD, 2021[13]), OECD Regulatory Policy Outlook 2021, OECD Publishing, Paris, https://doi.org/10.1787/38b0fdb1-en.

Seguimiento y presentación de informes sobre el desempeño del sector

La evaluación comparativa (benchmarking) de la Sunass constituye una herramienta poderosa para fomentar el desempeño del sector y podría optimizarse para obligar a los operadores a rendir cuentas. La evaluación comparativa ofrece incentivos conductuales para mejorar el desempeño, al *destacar* el buen desempeño y *reprobar* el deficiente. Este método para informar sobre el desempeño puede ser especialmente importante en un contexto en el cual hay muchos prestadores de servicios de propiedad pública. Sin embargo, los datos no se presentan en una forma que permita al público utilizar los hallazgos para obligar a los operadores a rendir cuentas. La Sunass no publica tendencias a lo largo del tiempo de los indicadores clave de desempeño individuales; más bien, centra sus informes en un indicador compuesto del desempeño de los operadores. Esta información más agrupada debilita los incentivos brindados por la evaluación comparativa.

Recomendaciones

En el corto plazo:

- **Facilitar** el seguimiento del desempeño de los prestadores de servicios públicos mediante un mayor acceso público a datos desglosados, indicadores subyacentes y tendencias históricas. Destacar la importancia de proporcionar datos e indicadores sencillos que las partes interesadas puedan interpretar sin problema, así como gráficas fáciles de comprender sobre los cambios en el desempeño a lo largo del tiempo (Recuadro 1.15).

En el mediano plazo:

- **Consultar** con las partes interesadas cuáles son los datos y los puntos de vista que más les interesan y realizar verificaciones periódicas para garantizar que se mantengan accesibles.

Recuadro 1.15. Iniciativas de transparencia de la información sectorial

Iniciativa de transparencia de la información sectorial del Instituto Federal de Telecomunicaciones (IFT) de México

El Banco de Información de Telecomunicaciones (BIT) es una herramienta interactiva para consultar, analizar, explorar y descargar de manera fácil y oportuna la información estadística de los sectores de las telecomunicaciones y la radiodifusión. El portal cuenta con módulos de exploración de datos, que permiten a los usuarios descargar información desglosada y series históricas en formato de datos abiertos.

El BIT es un portal que incorpora las mejores prácticas en materia de datos abiertos y acceso a la información. El IFT puso a disposición del público esta plataforma con el fin de difundir y promover el uso de la información sobre el sector regulado utilizada por el IFT para monitorear y regular los sectores de telecomunicaciones y radiodifusión mexicanos. El BIT contribuye a: (i) generar conocimiento sobre el funcionamiento de las telecomunicaciones y la radiodifusión en México; (ii) fortalecer la toma de decisiones de los diferentes actores públicos y privados que participan en estos sectores, y (iii) reforzar el diseño de políticas públicas.

El BIT permite a los usuarios consultar información referente al entorno macroeconómico de las telecomunicaciones y la radiodifusión en México, los ingresos y la inversión de los operadores, así como indicadores vinculados con los diferentes servicios, como la telefonía fija y móvil, la banda ancha fija y móvil y la televisión restringida. De igual manera, cuenta con un módulo de descarga de datos y un explorador gráfico para realizar consultas personalizadas, generar variables, realizar análisis sectoriales complejos, construir tableros de indicadores y analizar gráficamente las series de tiempo.

El BIT es una plataforma de información dinámica, la cual se prevé que evolucione con el tiempo. En el mediano plazo, dará continuidad a las tablas publicadas con actualizaciones trimestrales y validará la información histórica para realizar análisis de largo plazo. Otras mejoras podrían ser Otras mejoras podrían consistir en agregar información no publicada hasta la fecha, como las métricas de comercialización y empaquetamiento, con el fin de supervisar la convergencia de los servicios de telecomunicaciones.

Datos abiertos en la Superintendencia de Mercados Energéticos de Suecia

Los datos abiertos de la Superintendencia de los Mercados de la Energía de Suecia (Ei) están disponibles para que el público en general pueda utilizar, reutilizar y compartir la información que se ofrece, de modo que otros puedan desarrollarla y generar beneficios para un número mayor de personas. La información se proporciona sin restricciones de copyright, patentes o confidencialidad, pues no contiene datos personales ni cualquier otro tipo de información secreta.

La Ei trabaja activamente con datos abiertos, siguiendo las directivas y recomendaciones de la Unión Europea (UE) y el gobierno. La reutilización de la información gubernamental es regulada por la Ley PSI (ISP = información del sector público o información pública). La legislación se basa en la Directiva ISP de la UE.

Las fuentes de datos de la Ei se catalogan respetando las normas internacionales en un servicio de directorio que, además de incluir la referencia, punto de acceso o punto de enlace API a los datos en sí, contiene la descripción de los metadatos de las fuentes de datos, de conformidad con la norma DCAT-AP. El catálogo se "cosecha", esto es, se carga y se publica en el catálogo nacional de datos abiertos (http://www.dataportal.se), así como en el catálogo de datos abiertos de la Unión Europea (http://www.europeandataportal.eu).

En el catálogo de datos se incorporan todos los datos abiertos de la Ei y el portal de estadísticas de esta contiene los conjuntos de datos publicados en forma de estadísticas. La Ei trabaja de manera continua para aportar más datos y aumentar la gama disponible en el catálogo de datos. En la actualidad, dicho catálogo contiene datos abiertos sobre, por ejemplo, indicadores de interrupciones, tarifas y precios de la red, clientes por tipo de suscripción, estados de resultados y estados financieros de las empresas, así como datos técnicos relativos a la red (https://www.ei.se/om-webbplatsen/psi/).

La Ei promueve activamente la reutilización y el tratamiento de sus datos y espera que sus datos abiertos puedan utilizarse en actividades de todo tipo, desde la investigación hasta los nuevos servicios digitales. De esta manera, la Superintendencia tendrá la capacidad de contribuir a aumentar el beneficio social para todos.

Fuente: Información facilitada por la Superintendencia de Mercados Energéticos de Suecia, 2021; http://www.ift.org.mx/comunicacion-y-medios/comunicados-ift/es/el-ift-presenta-el-banco-de-informacion-de-telecomunicaciones-bit-comunicado-462017; sitio web del BIT: https://bit.ift.org.mx/BitWebApp/.

Monitoreo y presentación de informes sobre el desempeño de la Sunass

De acuerdo con las buenas prácticas, los objetivos estratégicos de la Sunass se monitorean y se reportan usando indicadores con objetivos con plazos fijos. La Sunass utiliza un conjunto compacto de ocho indicadores relacionados con objetivos estratégicos específicos, cuyos avances comunica en su informe anual (Cuadro 1.5). También relaciona los datos sobre los indicadores con los datos financieros, para informar sobre la eficacia del regulador en el uso de los recursos. Además, los informes de desempeño respecto de los indicadores se complementan con otros datos sobre el desempeño en términos de eficacia, número de informes, cumplimiento y estudios de tarifas, que brindan más información sobre el desempeño de la Sunass. Aunque no se trata de un requisito legal, la Sunass aplica buenas prácticas al compartir su informe anual y su informe sobre desempeño con el Congreso, lo que fortalece la rendición de cuentas del regulador.

Cuadro 1.5. Indicadores y metas relacionados con los objetivos estratégicos de la Sunass

Plan estratégico de la Sunass (PEI) 2020-2024

Objetivo (OEI)	Indicador	Metas				
		2020	2021	2022	2023	2024
1. Fortalecer la prestación de servicios de saneamiento a los usuarios	Índice de Gestión de la Prestación de los Servicios de Saneamiento de las Empresas Prestadoras (IGPSS)*	76.31%	78.86%	81.41%	83.96%	84.01%
	Porcentaje de prestadores de servicios en zonas rurales con buena gestión	25.05%	25.88%	26.72%	27.56%	28.41%
2. Consolidar la descentralización de funciones de la Sunass	Porcentaje de ODS que muestran un desempeño óptimo en el desempeño de funciones descentralizadas	70%	80%	90%	100%	100%
3. Mejorar la percepción y la valoración de los servicios de saneamiento por parte de los usuarios	Porcentaje de usuarios que valoran la importancia de contar con servicios de saneamiento.	3%	5%	10%	15%	10%
	Porcentaje de usuarios satisfechos con los servicios de la Sunass	50%	55%	60%	70%	75%
	Porcentaje de usuarios de los servicios de saneamiento que están dispuestos a pagar las tarifas establecidas.	0%	5%	10%	15%	20%
4. Reforzar la gestión institucional	Porcentaje de clientes internos satisfechos con los servicios prestados por los organismos competentes**	60%	65%	70%	75%	80%
5. Implementar la gestión del riesgo de desastres*	Porcentaje de implementación del Plan de Gestión de Riesgo de Desastres	50%	60%	70%	80%	90%

* El IGPSS es un índice compuesto por 18 indicadores que abarcan seis áreas de desempeño: acceso a los servicios; calidad del servicio; sostenibilidad financiera; gobernabilidad y gobernanza, y gestión del riesgo de desastres.
** El término organismos competentes se refiere a las oficinas dentro de la Sunass que brindan apoyo y asesoría: la Oficina de Planificación, Presupuesto y Modernización; la Oficina de Asesoría Jurídica; la Oficina de Comunicaciones e Imagen Institucional; la Oficina de Administración y Finanzas, y la Oficina de Tecnologías de Información.

Es necesario orientar al público sobre la manera de utilizar los indicadores para evaluar el desempeño del regulador. En términos generales, no está claro cómo se definen los niveles objetivo o cuáles son las razones para efectuar cambios en estos niveles objetivo a lo largo de los años. Además, quizá el público no siempre pueda comprender los indicadores intuitivamente, ya que el informe anual solo presenta el desempeño promedio en cada objetivo estratégico, el cual puede basarse en diversos indicadores subyacentes. Por ejemplo, tal vez no quede claro inmediatamente qué se entiende por "buena gestión" de los prestadores de servicios o qué aspecto tiene el desempeño óptimo en la ejecución de funciones desconcentradas.

Recomendaciones

En el corto plazo:

- **Restablecer** la buena práctica de elaborar y publicar un informe anual sobre las actividades y el desempeño de la Sunass, que es un mecanismo importante para acrecentar la transparencia, la rendición de cuentas y la comprensión de la función del regulador.

En el mediano plazo:

- **Medir** el desempeño del regulador en torno a sus objetivos estratégicos mediante un conjunto de indicadores de desempeño sencillos y directos que se ven más fuertemente afectados por las acciones de la Sunass, complementados con indicadores de "atalaya" sobre el desempeño sectorial. Los indicadores más frontalmente afectados pueden incluir aspectos como el número de prestadores de servicios que cuenten con un estudio tarifario actualizado o como el número de proveedores rurales que cobran una tarifa por hogar de acuerdo con la metodología de la Sunass. Los indicadores de "atalaya" evalúan el desempeño del sector en su conjunto y servirían para identificar retos dentro del sector con el fin de dirigir las acciones del regulador.

- **Brindar** orientación de fácil comprensión a las partes interesadas sobre la interpretación de los indicadores clave, para permitirles rastrear con mayor facilidad el desempeño del regulador.
- **Involucrar** a las partes interesadas en la formulación de niveles objetivo para los indicadores y, cuando sea pertinente, comunicar con claridad la justificación de cualquier cambio realizado en dichos niveles (Recuadro 1.16).

Recuadro 1.16. Comité Consultivo de Desempeño de la Comisión de Competencia y el Consumidor de Australia (ACCC)

El Comité Consultivo de Desempeño de la ACCC se estableció en 2015 para actuar como el órgano formal de consulta de las partes interesadas de la Comisión dentro del Marco de Desempeño del Regulador (MDR) del gobierno australiano, que estuvo en vigor de 2015 al 30 de junio de 2021. En el marco se estableció un conjunto común de seis indicadores clave de desempeño basados en resultados que facilitaba la evaluación del desempeño de los reguladores de la Mancomunidad de Naciones, en particular la forma en que se conectaban con las entidades reguladas y administraban las regulaciones.

A mediados de 2021, el gobierno reemplazó al MDR por la Regulator Performance Guide (Guía de Actuación del Regulador), que estipula detalladamente tres principios de buenas prácticas del regulador:

1. Mejora continua y generación de confianza: los reguladores adoptan una perspectiva del modelo en su conjunto, mejorando continuamente su desempeño, su capacidad y su cultura para generar confianza en los entornos regulatorios de Australia.
2. Modelos basados en riesgos y orientados a los datos: los reguladores gestionan los riesgos de manera proporcional y mantienen las salvaguardas esenciales reduciendo al mínimo la carga regulatoria y haciendo uso de los datos y la tecnología digitales para ayudar a los reguladores a cumplir y crecer.
3. Colaboración y participación: los reguladores son comunicadores transparentes y responsables que ponen en práctica las regulaciones de manera actual y contemporánea.

En un inicio el Comité constaba de 16 representantes empresariales, legales y de consumidores que en conjunto cubrían la amplia diversidad de partes interesadas con la cual la ACCC interactúa al emprender sus diferentes funciones. A fines de 2021 aumentó a poco más de 20 partes interesadas clave, para así reflejar la mayor magnitud del trabajo de la ACCC en años recientes, así como el mayor alcance del objetivo del Comité.

Por consiguiente, el Comité está bien posicionado para continuar aportando retroalimentación a la ACCC sobre nuestro desempeño.

Durante sus primeros seis años, el Comité se reunió anualmente con estos fines:

- Brindar retroalimentación sobre la metodología, las medidas, la evidencia y los estudios de autoevaluación utilizados por la ACCC para evaluar año con año su desempeño en comparación con los seis Indicadores Clave de Desempeño de la Guía de Actuación del Regulador.
- "Validar de manera externa" la autoevaluación anual preliminar de conformidad con la Guía.

> La validación externa abrió el camino para que el Comité ofreciera retroalimentación sobre si los resultados de la autoevaluación concordaban de manera general con sus opiniones acerca del desempeño de la ACCC en comparación con los indicadores clave de desempeño.
>
> Al cambiar a la Guía de Desempeño del Regulador, a partir de 2022, el Comité se reunirá dos veces al año para proporcionar un foro con una mayor participación de las partes interesadas clave y su retroalimentación sobre una gama más amplia de aspectos del desempeño relacionados con el trabajo de la ACCC. Lo anterior incluirá nuestro desempeño respecto del cumplimiento de nuestras obligaciones regulatorias y el objetivo central de "Hacer que los mercados trabajen para los consumidores, ahora y en el futuro", según se da a conocer en nuestro Plan Corporativo e Informe Anual.
>
> Fuente: Sitio web de la ACCC: https://www.accc.gov.au/about-us/consultative-committees/accc-performance-consultative-committee; información proporcionada por la ACCC, 2021.

Nota

[1] Por ejemplo, en 2015 el regulador de energía y minería Osinergmin recibió 327 millones de PEN por cobro de tarifas, en comparación con los 28 millones de PEN que la Sunass recibió por el cobro de tarifas en el mismo año.

Referencias

Felgendreher, S. and P. Lehmann (2015), "Public Choice and Urban Water Tariffs--Analytical Framework and Evidence From Peru", *The Journal of Environment & Development*, Vol. 25/1, http://dx.doi.org/10.1177/1070496515619651. [3]

OECD (2021), *Implementing Regulatory Impact Assessment at Peru's National Superintendence of Sanitation Services*, OECD Reviews of Regulatory Reform, OECD Publishing, Paris, https://dx.doi.org/10.1787/c0cdc331-en. [8]

OECD (2021), *OECD Regulatory Policy Outlook 2021*, OECD Publishing, Paris, https://dx.doi.org/10.1787/38b0fdb1-en. [13]

OECD (2021), *Water Governance in Peru*, OECD Studies on Water, OECD Publishing, Paris, https://dx.doi.org/10.1787/568847b5-en. [1]

OECD (2020), *Driving Performance at Peru's Transport Infrastructure Regulator*, The Governance of Regulators, OECD Publishing, Paris, https://dx.doi.org/10.1787/d4ddab52-en. [6]

OECD (2020), *Regulatory Enforcement and Inspections in the Environmental Sector of Peru*, OECD Publishing, Paris, https://dx.doi.org/10.1787/54253639-en. [11]

OECD (2020), *Regulatory Impact Assessment*, OECD Best Practice Principles for Regulatory Policy, OECD Publishing, Paris, https://dx.doi.org/10.1787/7a9638cb-en. [9]

OECD (2019), *Driving Performance at Peru's Energy and Mining Regulator*, The Governance of Regulators, OECD Publishing, Paris, https://dx.doi.org/10.1787/9789264310865-en. [4]

OECD (2019), *Driving Performance at Peru's Telecommunications Regulator*, The Governance of Regulators, OECD Publishing, Paris, https://dx.doi.org/10.1787/9789264310506-en. [5]

OECD (2018), *OECD Regulatory Enforcement and Inspections Toolkit*, OECD Publishing, Paris, https://dx.doi.org/10.1787/9789264303959-en. [12]

OECD (2016), *Regulatory Policy in Peru: Assembling the Framework for Regulatory Quality*, OECD Reviews of Regulatory Reform, OECD Publishing, Paris, https://dx.doi.org/10.1787/9789264260054-en. [7]

OECD (2012), *Recommendation of the Council on Regulatory Policy and Governance*, OECD Publishing, Paris, https://dx.doi.org/10.1787/9789264209022-en. [10]

UN-Water (2020), *Peru*, https://www.sdg6data.org/country-or-area/Peru (accessed on 7 July 2021). [2]

2 Contexto regulatorio y sectorial

En este capítulo se brinda una visión general de las instituciones públicas de Perú y se describen las principales características de su sector de agua y saneamiento, así como el marco legislativo que establece las funciones de la Superintendencia Nacional de Servicios de Saneamiento (Sunass) de Perú.

Marco institucional

Perú es una república regida por un sistema presidencial de gobierno y un Congreso unicameral (Gráfica 2.1). El Poder Ejecutivo está representado por el Consejo de Ministros y el Presidente de la República, quien ejerce las funciones de Jefe de Gobierno y de Estado. El Poder Legislativo está representado por el Congreso de la República, el cual tiene la facultad de aprobar nuevas leyes, modificar y derogar las vigentes, así como aprobar el presupuesto del Estado. En los últimos años, Perú ha vivido un periodo de gran inestabilidad política (Recuadro 2.1).

Gráfica 2.1 Instituciones públicas de Perú

Fuente: https://www.peru.gob.pe/directorio/pep_directorio_gobierno.asp.

Recuadro 2.1 Inestabilidad política en Perú

Desde el inicio del gobierno de Pedro Pablo Kuczynski en 2016, el país ha tenido cinco presidentes de la República y 10 presidentes del Consejo de Ministros. Durante este periodo, ninguno de ellos logró completar su mandato constitucional.

La inestabilidad comenzó cuando las primeras acusaciones de corrupción, relacionadas con el caso Odebrecht, apuntaron a miembros de la élite política del país. Al mismo tiempo, el crecimiento económico comenzó a desacelerarse. La conformación institucional del gobierno también provocó que se formaran gobiernos divididos. De 2016 a la fecha, la disputa entre los poderes Legislativo y Ejecutivo dio paso a dos dimisiones del Ejecutivo, una disolución del Congreso y una destitución del Ejecutivo.

Los frecuentes cambios en la Administración generaron una elevada rotación de los dirigentes ministeriales y del personal del sector público, y plantean ahora un reto para las entidades regulatorias en materia de continuidad de las políticas públicas, coordinación institucional y previsibilidad presupuestaria.

Fuente: Ministerio de Justicia y Derechos Humanos Perú (2019), "Constitución política del Perú", https://www.minjus.gob.pe/wp-content/uploads/2019/05/Constitucion-Politica-del-Peru-marzo-2019_WEB.pdf; World Bank (2021), "GDP growth (annual %) – Peru", https://data.worldbank.org/indicator/NY.GDP.MKTP.KD.ZG?locations=PE; BBC (2020), "Crisis en Perú: 3 claves que explican la inestabilidad política en el país", https://www.bbc.com/mundo/noticias-america-latina-54916840. (Ministerio de Justicia y Derechos Humanos Perú, 2019[1]) (World Bank, 2021[2]) (BBC, 2020[3])

Perú está dividido en 26 circunscripciones territoriales, que comprenden 24 departamentos, la provincia constitucional del Callao y la provincia de Lima. La provincia de Lima es independiente de cualquier otra circunscripción y es la capital del país. Las otras 25 circunscripciones tienen gobiernos regionales electos y se dividen, a su vez. en provincias y distritos.

Poder Ejecutivo

La Presidencia de la República, el Consejo de Ministros y la Presidencia del Consejo de Ministros (PCM) son los órganos centrales del Poder Ejecutivo (Gráfica 2.2) (OECD, 2016[4]). Junto con la PCM, el Ministerio de Economía y Finanzas (MEF) contribuye a configurar el entorno regulatorio general de Perú. En el sector del agua y saneamiento (SAS), el Ministerio de Vivienda, Construcción y Saneamiento (MVCS) es el encargado de diseñar las políticas y regulaciones sectoriales. La Sunass está adscrita a la PCM como organismo con autonomía administrativa, funcional, técnica, económica y financiera, junto con los demás órganos reguladores del sector en Perú (Ley núm. 27332).

Gráfica 2.2 Estructura del Poder Ejecutivo del gobierno peruano

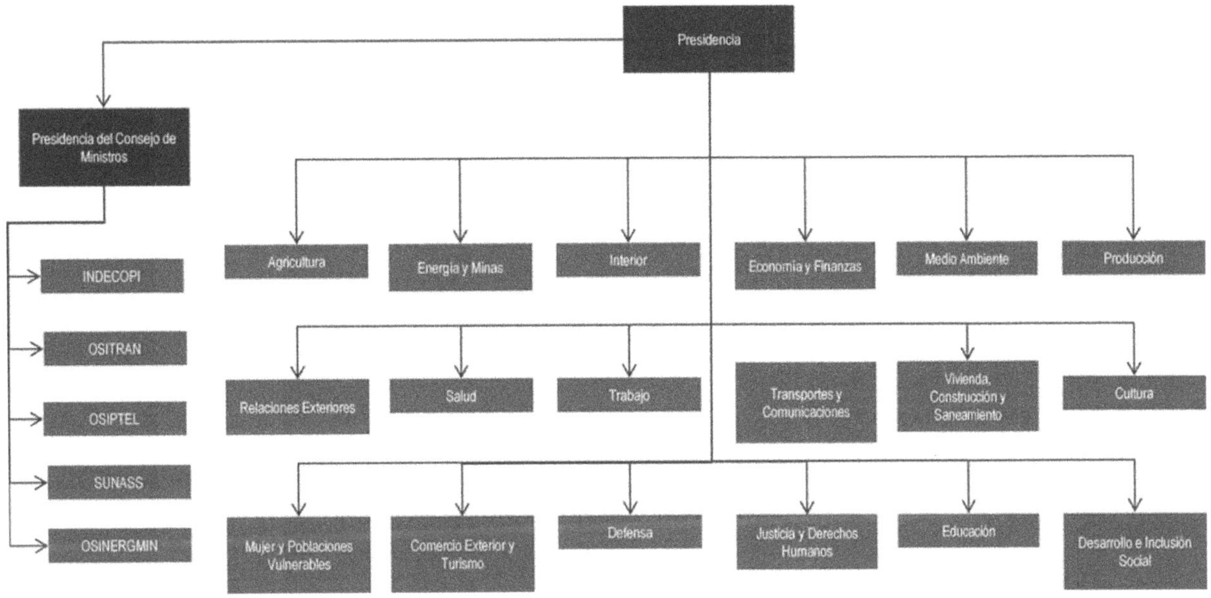

Nota: La PCM también alberga a un gran número de entidades públicas, secretarías y comisiones, que no se incluyen en esta gráfica.
Fuente: (OECD, 2016[5]), Regulatory Policy in Peru: Assembling the Framework for Regulatory Quality, OECD Reviews of Regulatory Reform, París, http://dx.doi.org/10.1787/9789264260054-en.

Presidencia del Consejo de Ministros (PCM)

La Presidencia del Consejo de Ministros (PCM) es responsable de coordinar las políticas nacionales y sectoriales dentro del Poder Ejecutivo, incluidos los ministerios y organismos públicos competentes. La PCM tiene facultades legales para gestionar la modernización de la administración, el ordenamiento territorial, la descentralización, la demarcación y organización espacial, el diálogo público y la consulta social, el gobierno digital, la comunicación de las acciones políticas del gobierno central y otras facultades asignadas por ley. La PCM, que alberga a varias secretarías y comisiones, gestiona y coordina a los ministerios y entidades públicas competentes. Interviene también de manera decisiva en la postulación y el nombramiento del Presidente Ejecutivo y los miembros del Consejo del organismo regulador, así como en la aprobación de su planificación estratégica. Si bien no está formalmente establecido en la ley, en la práctica el Presidente del Consejo de Ministros funge como Primer Ministro y portavoz del Gobierno (OECD, 2016[4]).

Ministerio de Vivienda, Construcción y Saneamiento (MVCS)

El Ministerio de Vivienda, Construcción y Saneamiento (MVCS) es el órgano rector del saneamiento, así como de la vivienda, la construcción, el urbanismo y el desarrollo urbano. Desarrolla, planifica, coordina y ejecuta la política nacional y la dirección del sector de servicios de agua y saneamiento. Para ello, establece políticas públicas, emite regulaciones y promueve las asociaciones público-privadas (APP) en el sector del agua y saneamiento (SAS). La Sunass colabora con el MVCS en la aplicación de las políticas sectoriales y la elaboración de las regulaciones de SAS. La Superintendencia no interviene directamente en el proceso de aprobación de los proyectos de inversión en el sector. Sin embargo, se encarga de aprobar las tarifas de los prestadores de servicios y esto puede afectar la viabilidad de dichos proyectos.

Ministerio de Economía y Finanzas (MEF)

El Ministerio de Economía y Finanzas (MEF) es responsable de formular la política económica y financiera del país y aprobar el presupuesto de la Sunass. El MEF gestiona el sistema presupuestario basado en resultados, el cual se aplica a todos los órganos ejecutivos y reguladores económicos. El MEF comparte con la PCM la responsabilidad y la coordinación de aspectos de política regulatoria, como la simplificación administrativa, la cooperación regulatoria internacional, la coordinación intergubernamental, la regulación basada en resultados, las evaluaciones ex ante de impacto de la regulación y la transparencia y la consulta gubernamentales (OECD, 2016[5]).

Agencia de Promoción de la Inversión Privada (ProInversión)

La Agencia de Promoción de la Inversión Privada (ProInversión), creada en 2002, es un organismo técnico especializado adscrito al MEF que se encarga de promover las inversiones nacionales mediante asociaciones público-privadas en las áreas de servicios, infraestructura, proyectos en activos y otros proyectos estatales. Presta servicios de información y orientación a los inversionistas, desempeña una labor mediadora entre diferentes posturas sobre proyectos de inversión, y crea un entorno propicio para atraer la inversión privada, de acuerdo con los planes económicos y las políticas de integración, como las relativas al desarrollo de la infraestructura de transporte. Al elaborar contratos de concesión, ProInversión recoge observaciones técnicas de la Sunass.

Poder Legislativo

El Congreso de la República, establecido en la Constitución Política de 1993, es el órgano unicameral que ejerce el Poder Legislativo (OECD, 2016[4]). De conformidad con la Constitución, el Congreso está formado por 130 representantes electos directamente en función de los distritos parlamentarios asignados a cada región (Congreso de la Republica, 2021[6]). La legislación promulgada por el Congreso puede requerir que los organismos reguladores elaboren normas secundarias. Por su parte, el Congreso puede estipular que los ministerios y los organismos reguladores emitan opiniones sobre los proyectos de ley y respondan a los cuestionamientos planteados por los representantes. El Congreso tiene 24 comisiones permanentes, dos de las cuales se ocupan del sector de los SAS: la Comisión de Vivienda y Construcción y la Comisión de Defensa del Consumidor y Organismos Reguladores de los Servicios Públicos.

Gobierno subnacional

En Perú, además del nacional, hay tres niveles subnacionales de gobierno: el regional y dos niveles de gobierno local (gobierno local provincial y de distrito) (OECD, 2016[4]). Las funciones exclusivas y conjuntas de los diversos niveles de gobierno se describen en la Constitución Política, así como en la Ley Orgánica del Poder Ejecutivo (LOPE), la Ley Orgánica de Gobiernos Regionales (LOGR) y la Ley Orgánica de Municipalidades (LOM). Los gobiernos subnacionales tienen la facultad de establecer medidas regulatorias en su región. La Sunass interactúa con los distintos niveles de gobierno subnacional mediante sus oficinas descentralizadas.

Poder Judicial

El Poder Judicial se encarga de interpretar y aplicar las leyes, y el máximo órgano judicial del país es la Corte Suprema de Justicia. Esta se complementa con un sistema jerárquico de 35 cortes superiores: la Corte Superior Nacional de Justicia Penal Especializada y 34 cortes superiores con competencia en un distrito judicial en las 25 regiones administrativas de Perú. Además, los juzgados de primera instancia y los juzgados de paz (solo para delitos menores no penales) completan el marco del sistema judicial. Las resoluciones de la Sunass relativas a reclamos, sanciones y aprobación de tarifas pueden recurrirse ante los juzgados administrativos de primera instancia.

Panorama del sector

Acceso al agua y al saneamiento

Según el Instituto Nacional de Estadística e Informática (INEI), el 91% de la población peruana tiene acceso a las redes públicas de agua, en tanto que el 77% tiene acceso a la red pública de alcantarillado. El acceso en las zonas rurales y las urbanas es muy distinto, lo mismo que en las diversas regiones (Gráfica 2.3). En las zonas urbanas, cerca del 95% de la población tiene acceso a las redes públicas de agua, en comparación con el 76% en las zonas rurales. Asimismo, en las urbanas el 90% de la población tiene acceso a la red pública de alcantarillado, mientras que en las rurales la cifra es de solo 28%. La región de Tacna, la Provincia Constitucional del Callao y la Provincia de Lima tienen la mayor tasa de acceso —muy superior al 90%— tanto al abastecimiento de agua como al alcantarillado público. En cambio, la región de Loreto tiene la menor tasa de acceso: solo el 56% de la población tiene acceso al suministro público de agua y el 44% a la red pública de alcantarillado (INEI, 2021[7]).

Gráfica 2.3 Acceso al agua y al saneamiento en Perú, 2019

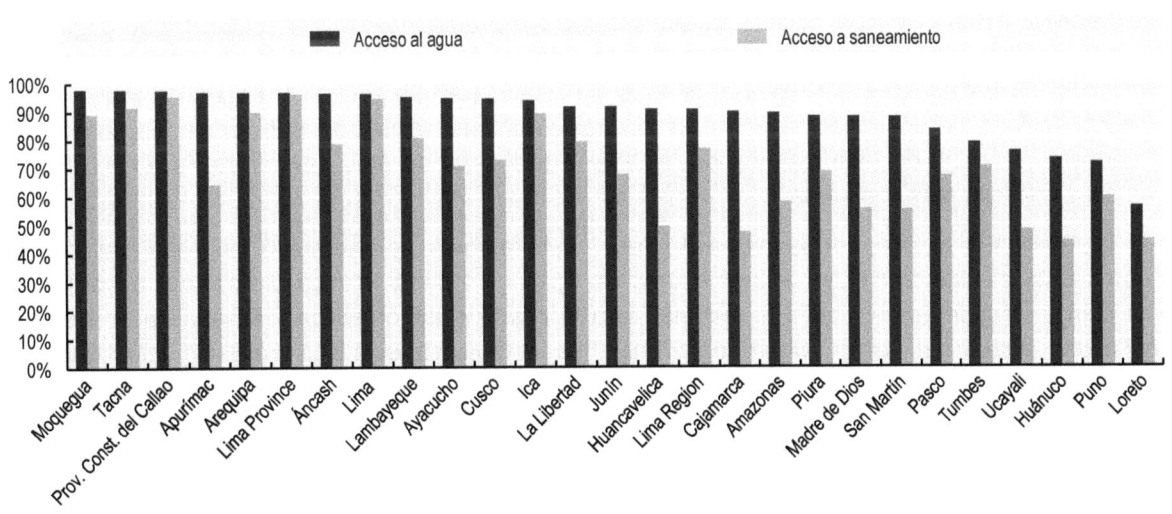

Fuente: (INEI, 2021[7]).

La calidad del abastecimiento de agua potable y saneamiento en Perú es muy preocupante. Según datos de 2020 en torno al Objetivo de Desarrollo Sostenible 6 —"Garantizar la disponibilidad de agua y su gestión y el saneamiento para todos"—, solo el 51% de la población tenía acceso a un servicio de agua potable gestionado de forma segura[1], mientras que el 53% tenía acceso a un servicio de saneamiento gestionado de forma segura. Dispone de servicios al menos básicos de agua potable el 93% de la población y de saneamiento, el 79%. Como sucede con el acceso general al agua potable, las tasas son menores en las zonas rurales: apenas el 22% de la población accede a servicios de agua potable gestionados de forma segura y solo el 60% a servicios de saneamiento al menos básicos (UN-Water, 2020[8]).[2] En 2019, el porcentaje de la población que consume agua de la red pública con un nivel de cloro adecuado (≥0.5 mg/l) fue de 38.7% (INEI, 2020[9]).

Política Nacional de Saneamiento 2017-2021

En 2017, el MVCS definió una nueva política nacional de saneamiento para el periodo 2017-2021, establecida mediante el Decreto Supremo núm. 007-2017-VIVIENDA. En la práctica, la Política Nacional de Saneamiento es una estratificación progresiva de políticas, programas e iniciativas sucesivas implementada en el sector en las últimas dos décadas. El decreto mencionado define el objetivo que Perú se ha planteado de lograr el acceso universal y sostenible al saneamiento en 2021 para las zonas urbanas y en 2030 para las zonas rurales, de conformidad con los Objetivos de Desarrollo Sostenible (ODS) (Sanitation and Water for All, 2019[10]). El decreto supremo contiene un conjunto de directrices para mejorar la gestión y el desempeño en la prestación de servicios de saneamiento. Los objetivos son los siguientes:

1. Incrementar la cobertura, calidad y sostenibilidad de los servicios de saneamiento, con la finalidad de alcanzar el acceso universal.
2. Reducir la brecha de infraestructura en el sector y asegurar el acceso a los servicios de saneamiento, prioritariamente de la población rural y de escasos recursos.
3. Alcanzar la autonomía empresarial y la integración de los prestadores de servicios de saneamiento.
4. Incrementar los niveles de eficiencia en la prestación de servicios con altos indicadores de calidad, continuidad y cobertura.
5. Lograr una gestión sostenible del ambiente y de los recursos hídricos en la prestación de los servicios de saneamiento.

Para alcanzar estos objetivos, el decreto también incluye un diagnóstico del sector. Dicho diagnóstico señala la insuficiencia en materia de cobertura y calidad, las brechas de inversión, las deficiencias en la gestión de los prestadores del servicio, la falta de estándares para la formulación de proyectos de inversión, la falta de coordinación entre los actores y la baja valoración pública de los servicios de saneamiento. A partir de este diagnóstico, establece una serie de ejes de política, incluidas diversas directrices políticas más concretas.

Tras la Política Nacional de Saneamiento, en 2017 también se promulgó un Plan Nacional de Saneamiento, el cual constituye el instrumento de aplicación de la Política. Asimismo, en el plan se identifican y vinculan las acciones requeridas para el logro de los objetivos y se analiza en detalle el rendimiento actual del sector. Sobre esta base, se establecen objetivos para los indicadores, se determinan las acciones y se asignan a los actores del sector, a la vez que se define el plan de inversión necesario para cerrar la brecha de inversión que prevalece en él.

Estructura del sector

El sector de agua potable y saneamiento está muy fragmentado y opera con diversas modalidades de organización y funcionamiento en las zonas urbanas y rurales (Gráfica 2.4). Cincuenta prestadores de servicios propiedad del Estado (Empresas Prestadoras del Servicio de Saneamiento, EPS) brindan servicio a las zonas urbanas con más de 15 000 habitantes. Las EPS abastecen a las ciudades grandes y medianas, que contienen alrededor del 62% de la población, es decir, 85% de la población urbana (World Bank, 2018[11]). Sunass clasifica a estas EPS por tamaño:

- SEDAPAL, la empresa que presta servicio a Lima, se sitúa en una categoría propia con más de 1 000 000 de conexiones
- Cuatro empresas con 100 000 a 1 000 000 de conexiones
- Catorce empresas con 40 000 a 100 000 conexiones
- Quince empresas con 15 000 a 40 000 conexiones
- Dieciséis empresas con menos de 15 000 conexiones (OECD, 2021[12])

Las ciudades más pequeñas, de 2 000 a 15 000 habitantes, son atendidas por cerca de 450 operadores. En las zonas rurales de servicio (con menos de 2 000 habitantes), la prestación de servicios está aún más fragmentada. Más de 25 000 unidades de gestión municipal y Juntas Administradoras de Servicios de Saneamiento (JASS) gestionan los servicios de abastecimiento de agua y saneamiento (SAS) en las zonas rurales. Una JASS consiste en un comité de voluntarios de la comunidad y es responsable del mantenimiento de los servicios de agua y saneamiento y de recaudar las cuotas familiares (OECD, 2021[13]). En total, las JASS están a cargo de las zonas rurales (cerca del 24% de la población), en tanto que las municipalidades (mediante empresas de servicios públicos y unidades de gestión municipal más pequeñas) brindan servicios a las ciudades pequeñas (con el 14% restante de la población) (World Bank, 2018[11]).

El elevado número de actores del sector provoca pérdida de economías de escala e ineficiencia en el uso de los recursos, además de plantear importantes retos para la regulación y la fiscalización por parte de la Sunass (véase la sección Evaluación y Recomendaciones). Las autoridades locales tienen el poder de decisión en materia de fusión y consolidación de los proveedores de servicios de agua y saneamiento, pero los actores locales se resisten a cambiar el statu quo.

Por otra parte, no todos los proveedores de zonas rurales operan de manera formal. A partir de una base de datos que cubre a 2 854 proveedores de zonas rurales (unidades de gestión municipal y JASS), la SUNASS descubrió que solo el 57% estaba formalmente establecido como proveedor.[3] En el caso de las ciudades pequeñas, apenas el 30% de los proveedores estaban formalizados. La formalización aporta beneficios, como la posibilidad de obtener una licencia para ejercer el derecho legal de uso del recurso hídrico, la posibilidad de recibir inversiones públicas y el derecho a presentar un reclamo por contaminación.

Otro asunto fundamental para los proveedores de agua y saneamiento peruanos es su sostenibilidad financiera. Muchos proveedores urbanos operan con pérdidas y los rurales no alcanzan siquiera la sostenibilidad financiera básica. La mayoría de los operadores son organismos públicos pequeños con ingresos bajos y con una gestión a menudo ineficiente que deviene en baja calidad de la red y en elevadas pérdidas en ella (es decir, fugas). Por otra parte, debido que carecen de sostenibilidad financiera, muchos proveedores no pueden invertir, lo que provoca una falta de inversión en el sector. Antes de la promulgación de la Ley Marco de 2016, los activos donados o subsidiados no se reconocían en el proceso de fijación de tarifas, lo que impedía a las empresas acumular fondos para invertir en su reposición y ampliación.

En la actualidad, 19 de las 50 EPS se incluyen en un "régimen transitorio" vinculado con la falta de solvencia económica y financiera, en virtud del cual la gestión corresponde al Organismo Técnico de la Administración de los Servicios de Saneamiento (OTASS), agencia estatal adscrita al MVCS (Sunass, 2021[14]).

Gráfica 2.4 Estructura del mercado de proveedores de servicios de agua y saneamiento

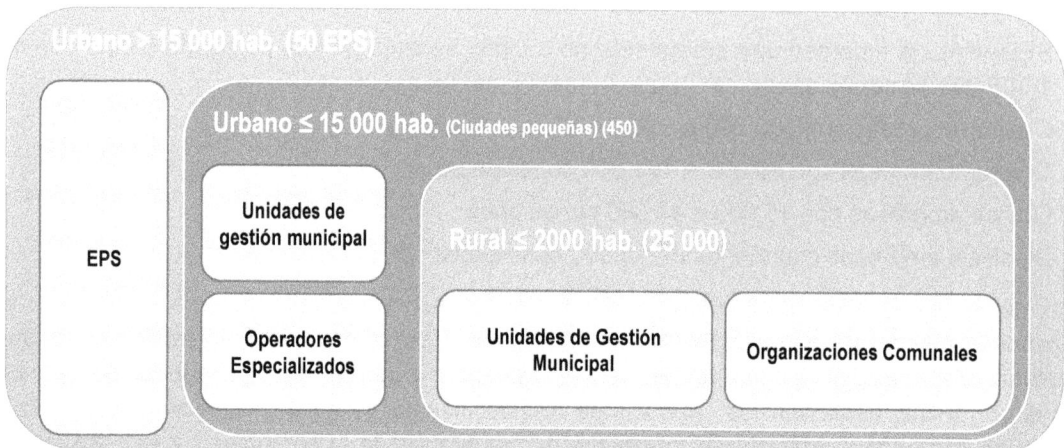

Fuente: SUNASS (2019[9]), "Presentación que resume la clasificación de los prestadores de servicios, según el Decreto Supremo N° 019-2017-VIVIENDA", durante el seminario de la OCDE, Santo Domingo, septiembre de 2019.

Tarifas y cuotas familiares

Las tarifas de las EPS, que operan en zonas urbanas de más de 15 000 habitantes, se fijan por periodos de cinco años. La metodología tarifaria, que toma en cuenta la demanda prevista, los costos y los planes de inversión, se propone garantizar la sostenibilidad económica y financiera del operador. Las tarifas pueden aumentar durante el periodo, según el logro de determinados objetivos de rendimiento por parte de la EPS. Asimismo, cubren los pagos del Mecanismo de Retribución por Servicios Ecosistémicos (MERESE). Mediante dichos pagos, las EPS tienen la posibilidad de crear fondos de reserva para la conservación, recuperación y uso sostenible de las fuentes de servicios ecosistémicos. De igual manera, las tarifas cubren también aportaciones a un fondo de gestión de riesgo de desastres (GRD) y un fondo de adaptación al cambio climático (ACC) (OECD, 2021[13]).

La metodología tarifaria identifica varias categorías de consumidores distintos entre sí: de uso residencial, comercial, industrial y público. Los consumidores pagan una tarifa fija por su uso del agua y una flexible basada en el consumo real. Los hogares pobres pueden optar por pagar tarifas subsidiadas, las cuales se financian con las tarifas de otros usuarios del sistema (subsidio cruzado). El Ministerio de Desarrollo e Inclusión Social (MIDIS) establece la clasificación socioeconómica de los hogares, con base en la cual la Sunass determina si los usuarios son elegibles para recibir subsidios. De acuerdo con el Decreto Legislativo núm. 1280, la Sunass es también responsable de determinar la metodología de la cuota familiar por la prestación del servicio por medio de asociaciones público-privadas, unidades de gestión municipal, operadores especiales y organizaciones comunales (OECD, 2021[13]).

En las zonas rurales atendidas por las JASS, los usuarios pagan una cuota familiar. La Sunass desarrolló una metodología para la fijación de la cuota familiar por parte de las JASS, la cual les permite cubrir como mínimo los costos de operación y mantenimiento y reducidos costos de reposición de los servicios de saneamiento en las zonas rurales. En tanto que las JASS determinan en última instancia el monto de las cuotas familiares, a la Sunass corresponde garantizar la sostenibilidad económica y financiera de los proveedores de servicios de saneamiento (OECD, 2021[13]).

Gobernanza multinivel del agua: gobiernos regionales y locales

Los gobiernos subnacionales (regionales y locales) tienen a su cargo garantizar el suministro eficiente de agua y saneamiento dentro de sus áreas. Por ley, los gobiernos regionales son responsables de:

- Formular, aprobar y evaluar planes y políticas regionales de saneamiento

- Brindar asistencia técnica y financiera a los gobiernos locales para sustentar el suministro de agua y saneamiento
- Recopilar y actualizar datos relativos a la infraestructura de suministro de agua y alcantarillado y a los indicadores de gestión del servicio (OECD, 2021[13]).

Además, los gobiernos locales son responsables de:

- Gestionar los activos de la red hídrica dentro del dominio público y la concesión de la explotación de los servicios de saneamiento
- Crear Áreas Técnicas Municipales (ATM), que controlen y fiscalicen la prestación del servicio por parte de los proveedores y los apoyen con asistencia técnica y formación (las ATM no son prestadoras del servicio, aunque en algunos casos cumplen una doble función)
- Incluir la asignación de recursos financieros para inversiones en infraestructura de saneamiento en los Planes de Desarrollo Municipal Concertados (PDMC) y en el presupuesto participativo local
- Financiar y cofinanciar las inversiones para el mantenimiento y la sustitución de la infraestructura de saneamiento en las zonas rurales
- Recabar datos e incorporarlos en el Sistema de Información de Agua y Saneamiento (OECD, 2021[13]).

Legislación y reformas

Situación previa a 2013

El sector peruano del agua y saneamiento experimentó muchas reformas en el pasado. Durante las décadas de 1970 y 1980, fue coordinado en gran medida de forma centralizada. El Servicio General de Obras de Saneamiento del Ministerio de Vivienda se encargó de la dirección y desarrollo del sector durante la década de 1970, hasta que en 1981 fue sustituido por una empresa estatal de gran tamaño que prestaba servicio a la mayoría de las zonas urbanas de Perú. La empresa, llamada Servicio Nacional de Abastecimiento de Agua Potable y Alcantarillado (SENAPA), contaba con 15 empresas afiliadas y 12 unidades operativas (Giugale, Newman and Fretes-Cibils, 2006[15]).

A partir de principios de la década de 1990, el SENAPA se disolvió de forma paulatina y las empresas y unidades operativas se transfirieron a las municipalidades. A partir de ese momento, SEDAPAL, que atiende a Lima, se convirtió en el mayor proveedor y se ha mantenido bajo el control del gobierno nacional. Junto con este avance hacia la descentralización, en 1992 se creó también la Sunass, encargada de la regulación económica de las empresas del sector. También en 1992, el Ministerio de la Presidencia se hizo cargo de las políticas sectoriales hasta 2002, fecha en que dejó de existir. En esa fecha, el Ministerio de Vivienda, Construcción y Saneamiento (MVCS) asumió la responsabilidad de las políticas sectoriales en el sector de saneamiento, para definir y poner en práctica las políticas sectoriales, formular planes de desarrollo y asignar fondos de inversión al sector de saneamiento (Giugale, Newman and Fretes-Cibils, 2006[15]).

En 1994 se promulgó la Ley General de Servicios de Saneamiento (Ley núm. 26.338) (El Presidente de la Republica, 1994[16]). Dicho instrumento establece que el saneamiento es un servicio público necesario y de interés nacional, cuyo fin es proteger la salud de la población y el medio ambiente. Las municipalidades provinciales son responsables de prestar este servicio, el cual pueden delegar a un prestador de servicios. También asignó a la Sunass la tarea de garantizar a los usuarios la prestación de servicios de saneamiento de mayor calidad, para así contribuir a la salud de la población y a la preservación del medio ambiente. La ley especifica además las regulaciones de funcionamiento del sector, entre ellas, los derechos y responsabilidades de los proveedores de servicios, el sistema tarifario y las condiciones de participación del sector privado.

Las medidas de descentralización puestas en marcha en la década de 1990 no lograron el propósito de ofrecer el acceso universal, un sector sostenible y servicios públicos autónomos eficientes. Esto podría deberse a que la descentralización no se acompañó de un desarrollo de capacidades suficiente ni de los incentivos necesarios para los gobiernos regionales y locales (World Bank, 2018[17]). Las tarifas se mantuvieron en un nivel que no bastaba para que las empresas pudieran financiar las inversiones, pues apenas lograban recuperar sus costos operativos. Esto provocó que aumentaran el monto del endeudamiento y la incapacidad de gestionar adecuadamente las operaciones relacionadas con el suministro de saneamiento.

Ley de 2013 sobre la modernización de los servicios de saneamiento

Como seguimiento a la Ley General de Servicios de Saneamiento, en 2013 se estableció una legislación adicional en la Ley de Modernización de los Servicios de Saneamiento. El objetivo de esta propuesta legislativa era modernizar la prestación de los servicios de saneamiento al establecer medidas para aumentar el acceso, la calidad y la sostenibilidad, así como promover el desarrollo, la protección del medio ambiente y la inclusión social. La iniciativa de modernización se basa en los principios de acceso universal, inclusión social, protección del medio ambiente, autonomía empresarial y eficacia (El Peruano, 2013[18]).

La Ley de Modernización de los Servicios de Saneamiento de 2013 también creó el Organismo Técnico de la Administración de los Servicios de Saneamiento (OTASS), adscrito al MVCS, aunque con autonomía funcional, económica, financiera y administrativa y con personalidad jurídica. La ley asigna al OTASS la labor de emitir regulaciones, directrices y protocolos, promover la fusión de las EPS, la evaluación de la solvencia técnica y económica de las empresas y su contribución al fortalecimiento de las capacidades. Asimismo, la ley establece las condiciones en las que las EPS pueden acogerse al llamado Régimen de Apoyo Transitorio (RAT). Las EPS pueden ingresar en el RAT tras una evaluación por parte de la Sunass de su solvencia económica y financiera y de su nivel de cumplimiento de los indicadores de gestión del servicio, además de otros criterios técnicos. La Sunass tiene la capacidad de identificar, mediante evaluaciones anuales, a las empresas que deben formar parte del RAT, en tanto que el OTASS las gestiona (es decir, elige a su consejo de directivo y sus directivos). El RAT se concibió como un régimen temporal (con una duración máxima de 15 años) orientado a mejorar las operaciones de las EPS, al realizar evaluaciones trianuales de las EPS incluidas (Sunass, 2021[14]).

Ley Marco de la Gestión y Prestación de los Servicios de Saneamiento de 2016

En 2016, la nueva administración de Perú puso en marcha una iniciativa de reforma sectorial, orientada a lograr el acceso universal a los servicios de saneamiento en el país. Los objetivos de la nueva iniciativa, establecida en la ley 1280, eran los siguientes:

- Definir regulaciones para lograr el acceso universal, la calidad, el rendimiento eficiente y la sostenibilidad.
- Establecer medidas para reforzar y aumentar la eficacia en la gestión de los proveedores de SAS.
- Definir el papel y las funciones de las autoridades responsables de aumentar la cobertura y la prestación sostenible de SAS en todo el país.

La ley establece como prioridad decisiva la modernización del sector mediante el fortalecimiento de los proveedores de SAS. La ley apunta a transformar a las EPS en corporaciones públicas, con la expectativa de aumentar la cobertura al incluir primero las zonas urbanas fuera de su área de servicio, y después expandirse hacia las zonas rurales cercanas. Asimismo, estipula los siguientes principios para la prestación de servicios de saneamiento:

- Acceso universal.
- El carácter esencial de los servicios de saneamiento.

- Inclusión social.
- Autonomía y responsabilidad en la gestión empresarial.
- Independencia en la gestión de los recursos financieros.
- Responsabilidad, transparencia y rendición de cuentas de las entidades sectoriales.
- Buen gobierno corporativo y rendición de cuentas de los proveedores.
- Equilibrio económico-financiero.
- Protección del medio ambiente y uso eficiente del agua.

Se espera que la iniciativa aumente los incentivos para las EPS y amplíe la regulación económica de la Sunass trascendiendo a las EPS para abarcar a los proveedores de ciudades pequeñas y zonas rurales. De esta forma se expande el ámbito de competencia del trabajo de la Sunass a un gran número de pequeños proveedores con quienes no trabajaba antes. El OTASS desempeña una función central en la transformación de las EPS, con el fin de promover la integración de las empresas y aumentar la sostenibilidad (Gráfica 2.5).

Gráfica 2.5 Actividades para la modernización del sector del agua - SUNASS, MVCS y OTASS

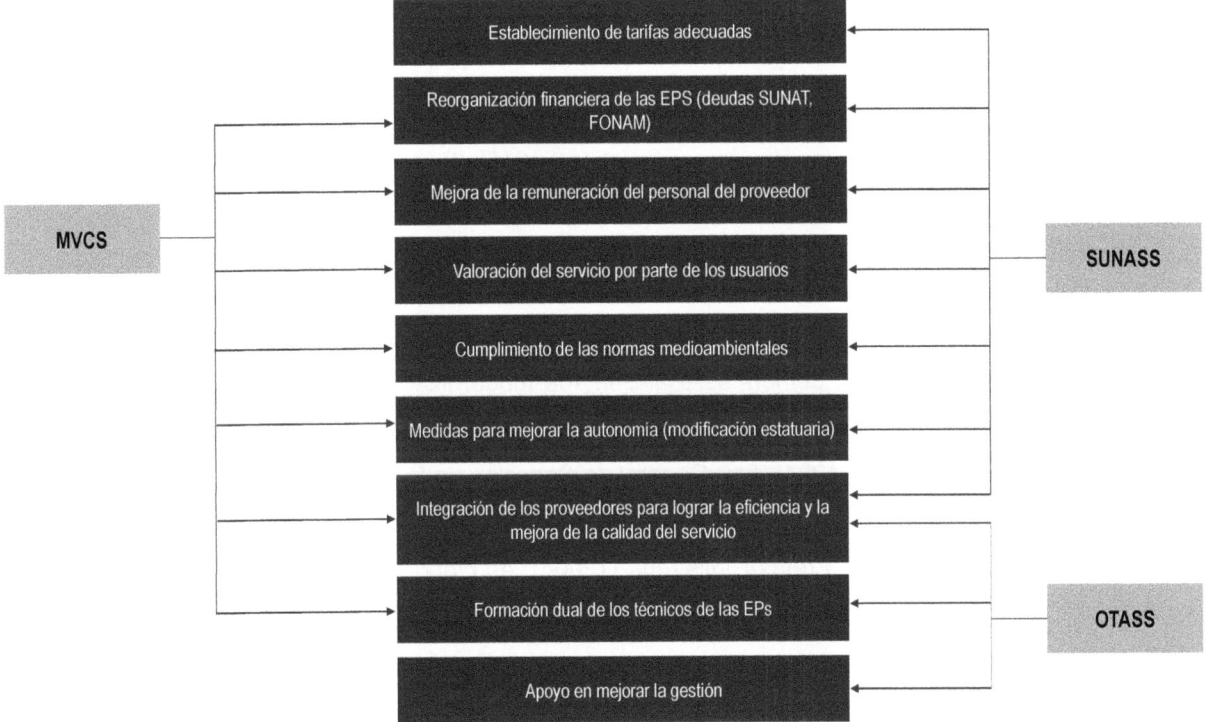

Fuente: Perú: Closing sanitation gaps with evidence-based investments in the sector, Sanitation for All Secretariat, 2019, https://www.sanitationandwaterforall.org/news/peru-closing-sanitation-gaps-with-evidence-based-investments-in-the-sector#:~:text=As%20of%202018%2C%20about%203,7.4%20million%20lack%20sanitary%20sewerage.&text=1280'%20and%20National%20Sanitation%20Policy,of%20sanitation%20sector%20in%20Peru.

En cumplimiento de la Ley Marco de 2016 y el Decreto Supremo 005-2020-VIVIENDA de 2020, la Sunass está a cargo de poner en marcha un nuevo modelo de regulación tarifaria para las EPS. Dicho modelo toma en cuenta las diferencias entre los proveedores y su capacidad para afrontar las obligaciones y mejorar la calidad, y ajusta su regulación tarifaria en consecuencia. Las empresas se situarán en una escala que abarca desde su nivel inicial de eficiencia y el nivel de eficiencia de una empresa llamada "modelo", en función de su nivel de desarrollo.

Notas

[1] Se considera que la población con acceso a servicios de agua potable gestionados de forma segura es aquella con acceso a "agua potable proveniente de una fuente mejorada de abastecimiento de agua ubicada en las instalaciones donde se necesita, disponible cuando se necesita y que cumpla con normas de materia fecal y sustancias químicas prioritarias".

[2] La fuente no especifica el porcentaje de la población rural con acceso a servicios de saneamiento gestionados de forma segura. El porcentaje de la población rural con acceso al servicio al menos básico, de 60%, es mucho menor que el de la población urbana de 84%.

[3] De conformidad con la Ley Marco de 2016, las organizaciones comunitarias se consideran formales cuando cuentan con la autorización del distrito o municipalidades provinciales. Dicha autorización se otorga en un certificado.

Referencias

BBC (2020), "Crisis en Perú: 3 claves que explican la inestabilidad política en el país", https://www.bbc.com/mundo/noticias-america-latina-54916840 (accessed on 29 November 2021). [3]

Congreso de la Republica (2021), About Congress, https://www.congreso.gob.pe/eng/overview/about-congress/. [6]

El Peruano (2013), Law of modernization of thesanitation services, https://busquedas.elperuano.pe/normaslegales/ley-de-modernizacion-de-los-servicios-de-saneamiento-ley-n-30045-951518-1/ (accessed on 8 July 2021). [18]

El Presidente de la Republica (1994), Ley General de Servicios de Saneamiento LEY N° 26338, https://www.sunass.gob.pe/doc/LGSS/ley_26338.pdf (accessed on 8 July 2021). [16]

Giugale, M., J. Newman and V. Fretes-Cibils (eds.) (2006), An Opportunity for a Different Peru, The World Bank, http://dx.doi.org/10.1596/978-0-8213-6862-6. [15]

INEI (2021), Medio Ambiente, https://www.inei.gob.pe/estadisticas/indice-tematico/medio-ambiente/ (accessed on 12 July 2021). [7]

INEI (2020), Perú Formas de Acceso al Agua y Sanaemiento Basico, https://www.inei.gob.pe/media/MenuRecursivo/boletines/boletin_agua_junio2020.pdf. [9]

Ministerio de Justicia y Derechos Humanos Perú (2019), "Constitución política del Perú", https://www.minjus.gob.pe/wp-content/uploads/2019/05/Constitucion-Politica-del-Peru-marzo-2019_WEB.pdf (accessed on 29 November 2021). [1]

OECD (2021), Water Governance in Peru, OECD, http://dx.doi.org/10.1787/568847b5-en. [12]

OECD (2021), Water Governance in Peru, OECD Studies on Water, OECD Publishing, Paris, https://dx.doi.org/10.1787/568847b5-en. [13]

OECD (2016), *OECD Public Governance Reviews: Peru: Integrated Governance for Inclusive Growth*, OECD Public Governance Reviews, OECD Publishing, Paris, https://dx.doi.org/10.1787/9789264265172-en. [4]

OECD (2016), *Regulatory Policy in Peru*, OECD, http://dx.doi.org/10.1787/9789264260054-en. [5]

Sanitation and Water for All (2019), *Peru: Closing sanitation gaps with evidence-based investments in the sector*, https://www.sanitationandwaterforall.org/news/peru-closing-sanitation-gaps-with-evidence-based-investments-in-the-sector. [10]

Sunass (2021), *Transitory Support Regime (RAT) [Régimen de Apoyo Transitorio (RAT)]*, https://www.sunass.gob.pe/prestadores/empresas-prestadoras/regimen-de-apoyo-transitorio/ (accessed on 21 August 2021). [14]

UN-Water (2020), *Peru*, https://www.sdg6data.org/country-or-area/Peru (accessed on 7 July 2021). [8]

World Bank (2021), *"GDP growth (annual %) – Peru"*, https://data.worldbank.org/indicator/NY.GDP.MKTP.KD.ZG?locations=PE (accessed on 29 November 2021). [2]

World Bank (2018), *International Bank For Reconstruction and Development, Project Appraisal Document on a Proposed Loan in the Amount of US$70 Million to the Republic of Peru for a Modernization of Water Supply and Sanitation Services Project*, https://documents1.worldbank.org/curated/en/118971532835034687/text/Peru-Modernization-PAD-07092018.txt. [11]

World Bank (2018), *The World Bank Modernization of Water Supply and Sanitation Services (P157043)*, https://documents1.worldbank.org/curated/en/706771525142348131/text/Project-Information-Document-Integrated-Safeguards-Data-Sheet-Modernization-of-Water-Supply-and-Sanitation-Services-P157043.txt (accessed on 8 July 2021). [17]

3 Gobernanza de Sunass

El Marco para la Evaluación del Desempeño de los Reguladores Económicos (PAFER, por sus siglas en inglés), fue desarrollado por la OCDE para ayudar a los reguladores a evaluar su propio desempeño. El PAFER estructura las directrices de desempeño en un marco de insumosproceso-rendimiento y resultados. Este capítulo aplica este marco a la Superintendencia Nacional de Servicios de Saneamiento, Sunass, y revisa sus características actuales, oportunidades y desafíos enfrentados por la Sunass para desarrollar un marco de evaluación de desempeño efectivo.

Función y objetivos

La Superintendencia Nacional de Servicios de Saneamiento (Sunass) es el regulador económico de los servicios de saneamiento en Perú, los cuales incluyen agua potable, alcantarillado y disposición sanitaria de desechos.

Este organismo regulador fue creado en 1992 por el Decreto Ley núm. 25965, en conjunto con las grandes reformas al sector orientadas a descentralizar y comercializar la prestación de servicios. A la Sunass se le otorgó la responsabilidad de supervisar las recién creadas Empresas Prestadoras del Servicio de Saneamiento (EPS) que operaban en zonas urbanas y estaban separadas de las municipalidades en términos legales y financieros.

En diciembre de 2016, una nueva Ley Marco de la Gestión y Prestación de los Servicios de Saneamiento (en adelante Ley Marco 1280) amplió el papel de la Sunass y le asignó diversas funciones adicionales. Previamente, el organismo regulador se encargaba de fiscalizar los servicios de saneamiento en las ciudades de más de 15 000 habitantes, lo que en la práctica implicaba fiscalizar a 50 EPS. La Ley Marco 1280 amplió el ámbito de competencia de las funciones del regulador e incluyó la fiscalización de más de 25 000 prestadores de servicios en zonas rurales (conocidos como Juntas Administradoras de Servicios de Saneamiento, JASS) y 450 operadores en ciudades pequeñas (con una población de 2 000 a 15 000 habitantes), con el fin de garantizar la calidad del servicio y la sostenibilidad financiera. Se trata de un gran número de operadores para supervisar en comparación con otros países (Gráfica 3.1).

Gráfica 3.1. Número de operadores del servicio de agua activos en el sector del agua y alcantarillado supervisados por los reguladores de agua

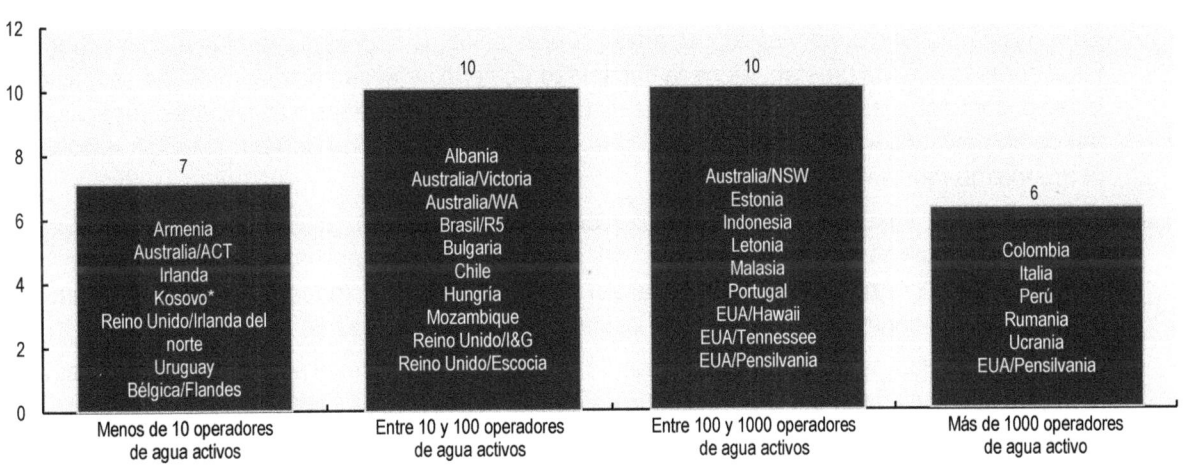

Nota: Esta gráfica, presentada originalmente en (OECD, 2015[1]), se actualizó para reflejar el cambio de categoría de Perú. Antes, el país se ubicaba en la categoría "De 10 a 100 operadores de agua activos".
* La denominación «Kosovo» se entiende sin perjuicio de las posiciones sobre su estatuto y está en consonancia con la Resolución 1244/1999 del Consejo de Seguridad de las Naciones Unidas y con la Opinión de la Corte Internacional de Justicia sobre la declaración de independencia de Kosovo.
Fuente: (OECD, 2015[1]).

Mandato y objetivos

Los objetivos de alto nivel de la Sunass están definidos en la legislación. La Ley Marco 1280 establece que la Sunass tiene la responsabilidad de "garantizar a los usuarios la prestación de los servicios de saneamiento, en las zonas urbanas y rurales, en condiciones de calidad, con el fin de contribuir a la salud de la población y a la preservación del medio ambiente".

Misión, visión y valores

La misión de la Sunass es "Fijar las tarifas, regular y supervisar la provisión de los servicios de saneamiento por parte de los prestadores de forma independiente, objetiva y oportuna, para contribuir a que los ciudadanos y ciudadanas aseguren el ejercicio de sus derechos y deberes"[1]. La declaración de misión fue aprobada por el Consejo Directivo como parte del plan estratégico 2020-2023.

La Sunass no cuenta con una declaración de visión propia, sino que se adhiere a la visión de la Presidencia del Consejo de Ministros (PCM) a la que está adscrita, de acuerdo con las directrices del Centro Nacional de Planeamiento Estratégico (CEPLAN). La visión de la PCM es ser un "Ministerio que promueve el cambio para contar con un Estado moderno, articulado y descentralizado, generando confianza en la población e incremento de la competitividad".

El Código de Ética del regulador define como valores institucionales a la libertad, el compromiso, la confianza, la cohesión, la solidaridad, la honestidad y la responsabilidad social.

Funciones y facultades

La Ley núm. 27332 (Ley Marco de los Organismos Reguladores de la Inversión Privada en los Servicios Públicos, LMOR) otorga a todos los reguladores peruanos del sector funciones de supervisión, fijación de tarifas, emisión de regulaciones, fiscalización de la actividad de los sujetos regulados, así como resolución de conflictos y reclamos. De acuerdo con esto, la Sunass tiene las siguientes facultades y funciones:

- Regulación (función normativa): puede dictar regulaciones, orientaciones y normas.
- Aprobación de tarifas (función reguladora): aprueba las tarifas de los servicios y las actividades sujetas a su regulación económica.
- Supervisión (función supervisora): supervisa la prestación de servicios y evalúa el desempeño de las empresas que los prestan. Tiene la capacidad de verificar el cumplimiento de las obligaciones legales, contractuales o técnicas por parte de las entidades, empresas o actividades supervisadas, así como de verificar el cumplimiento de cualquier disposición, mandato o resolución emitida por el organismo regulador.
- Fiscalización y sanción (función fiscalizadora y sancionadora): puede imponer sanciones y medidas correctivas a los prestadores de servicios por incumplimiento de las obligaciones derivadas de la normativa legal o técnica, así como de las obligaciones de los concesionarios en sus respectivos contratos de concesión. Asimismo, tiene la facultad de cobrar multas.
- Solución de reclamos (función de solución de reclamos): puede resolver por la vía administrativa los conflictos que surjan entre los operadores del servicio de agua y los usuarios.
- Solución de controversias (función de solución de controversias): puede resolver por la vía administrativa los conflictos que surjan entre las empresas. En la práctica, dada la falta de competencia entre los prestadores del sector, el regulador nunca ha utilizado esta facultad.

Además de sus principales funciones reguladoras, la Ley Marco 1280 otorgó a la Sunass diversas funciones nuevas. El organismo tiene hasta 2022 para ponerlas en marcha (seis años desde la promulgación de la ley). Según la Ley Marco 1280, el regulador:

- Determina la zona geográfica a la que las empresas de servicios públicos están obligadas a prestar servicios de abastecimiento de agua y saneamiento (SAS) ("zona de prestación de servicios").
- Aprueba la escala de eficiencia para la integración de los prestadores de servicios, es decir, determina la viabilidad de fusionarlos para aprovechar las economías de escala con miras a ser más eficientes.

- Autoriza a los municipios a prestar servicios de agua y saneamiento en los casos en que esto no puede realizarse la integración con una EPS.
- Supervisa la ejecución de los contratos de asociación público-privada (APP) vinculados con la prestación de servicios de saneamiento.
- Evalúa a las EPS de acuerdo a los criterios establecidos en la Ley Marco y sus reglamentos, para determinar si califican para acogerse al "Régimen de Apoyo Transitorio", en virtud del cual el Organismo Técnico de la Administración de los Servicios de Saneamiento (OTASS), organismo técnico dependiente del Ministerio de Vivienda, Construcción y Saneamiento (MVCS), asume el control de la gestión del servicio.
- Fiscaliza (y sanciona) el cumplimiento de las obligaciones legales y técnicas de las empresas en relación con la rendición de cuentas, el desempeño y el buen gobierno corporativo.
- Promueve los Mecanismos de Retribución por Servicios Ecosistémicos (MERESE)[2] al proporcionar asistencia técnica a las EPS en lo que respecta a calcular e incorporar los MERESE en las tarifas del agua. El regulador también trabaja con las EPS para apoyar la implementación de los fondos MERESE y explorar las distintas modalidades de inversión.

Mediante el Decreto Legislativo 1185/2015 se asignó a la Sunass una función adicional, relacionada con la gestión de los recursos hídricos. Según este, la Sunass establece y aprueba la metodología, los criterios económicos y el proceso de determinación de la tarifa por monitoreo y gestión de aguas subterráneas para los prestadores de servicios de saneamiento[3].

En la práctica, la Sunass también proporciona valiosa orientación y apoya el desarrollo de capacidades (por ejemplo, por medio de sesiones de formación y talleres) a los prestadores de servicios y a partes del gobierno subnacional (como las Áreas Técnicas Municipales, ATM) responsables de supervisar a los prestadores de servicios en zonas rurales. Por ejemplo, el regulador orienta a las EPS sobre la gestión del riesgo de desastres y la adaptación al cambio climático, para que dichas empresas incorporen estos elementos en sus planes maestros optimizados.

Las EPS urbanas entienden bien las funciones y facultades del regulador, pero no sucede lo mismo con los demás prestadores de servicios. La Sunass tiene relaciones de larga data con las 50 EPS que operan en las principales zonas urbanas de Perú, y conocen a fondo el papel del organismo en cuanto a sus funciones reguladoras y sus responsabilidades de aprobación de tarifas, fiscalización y sanción. Los prestadores de servicios de zonas urbanas y rurales pequeñas que se sujetaron a la supervisión del regulador en 2017 conocen menos las funciones y facultades de la Sunass, aunque esta afirma que tal situación ha mejorado gracias a las campañas informativas que emprendió.

El público en general tiene poco conocimiento del regulador y de su función. Según una encuesta de Ipsos realizada en diciembre de 2020 entre hombres y mujeres de 18 a 70 años de edad en zonas urbanas y rurales, solo el 5% sabía de la Sunass y sus funciones y el 8% estaba enterado de algo de lo que hace. Esto significa que en total sólo el 13% sabe del organismo.

Además, según el regulador, tiene que hacer frente a la resistencia a varias de sus funciones. Por ejemplo, la resistencia frecuente de los usuarios y los dirigentes políticos locales a los aumentos de tarifas – y, en términos más generales, la resistencia a la idea de pagar por el agua, ya que esta se percibe como un derecho humano y no como un servicio comercial – y la resistencia a los intentos de integrar a los prestadores de servicios por parte de las EPS, las empresas de servicios públicos más pequeñas y los consumidores. El concepto de los MERESE, si bien voluntario, también ha sido cuestionado por los consumidores.

Cuadro 3.1. Facultades de la Sunass

Facultad	Realizado por la Sunass de forma independiente	Realizado por la Sunass junto con otros organismos (p. ej. del gobierno)	No realizado por la Sunass
Regular las tarifas	Sí	---	---
Proponer leyes secundarias	Sí	---	---
Emitir directrices o códigos de conducta	No	No	PCM y MVCS (es decir, Código de Gobierno Corporativo)
Investigar los casos de infracción de leyes o reglamentos	Sí. Por ejemplo, cuando la SUNASS detecta incumplimiento en materia de calidad del agua o medio ambiente, envía un informe a las autoridades competentes, entre ellas la Dirección General de Salud Ambiental (DIGESA) y la Dirección General de Asuntos Ambientales (DGAA)	No	---
Auditar/fiscalizar a las empresas u otras entidades respecto del cumplimiento de las normas	Sí. Por ejemplo, se evalúan las cuestiones financieras, técnicas y administrativas de las empresas prestadoras, y se emiten informes de recomendación al sector para que sea intervenido e incluido en el Régimen de Apoyo Transitorio (RAT)	No	---
Auditar a las empresas y otras entidades en materia de medición, información y evaluación	Sí	No	---
Hacer que se cumplan las normas y los reglamentos	Sí	No	---
Imponer o prohibir una determinada tecnología	No	No	El MVCS establece las regulaciones de construcción de la infraestructura de saneamiento, lo que permite cumplir con las normas de calidad correspondientes
Imponer multas u otras sanciones económicas	Sí, se cuenta con un registro de sanciones que se publica en la página web de la SUNASS	No	---
Imponer soluciones estructurales (por ejemplo, estructurales o funcionales)	No	No	---
Participar en la planificación, el mantenimiento y/o el desmantelamiento de la infraestructura	No	No	Empresas prestadoras
Recopilar información de los sujetos obligados y otros mediante un proceso obligatorio o sistemas voluntarios	Sí, por medio del Sistema de Entrada de Datos, que gestiona la Dirección de Fiscalización. El registro de la información es obligatorio	No	---
Dar a conocer los puntos de referencia de las regulaciones ambientales	No	No	No
Premiar a quienes tengan un buen desempeño	Sí, pero no como un premio sino como un reconocimiento.	No	No
Vetar los planes de inversión de los operadores	No se trata de un "veto"; más bien, la Sunass evalúa el plan de inversiones presentado para el estudio tarifario de la empresa prestadora. Con base en las necesidades de prestación de servicios y la capacidad financiera de la	No	---

Facultad	Realizado por la Sunass de forma independiente	Realizado por la Sunass junto con otros organismos (p. ej. del gobierno)	No realizado por la Sunass
	empresa, la Sunass determina qué proyectos —además de los financiados por el MVCS— se financiarán con las tarifas.		
Expedir y revocar licencias	En los casos en que la integración con una EPS no sea posible, la Sunass puede otorgar a los municipios un permiso para prestar servicios de saneamiento durante un periodo de tres años. Después de esos tres años iniciales, el organismo puede renovar la autorización por tres años más. No está facultada para revocar una autorización	No	La creación de las EPS debe establecerse en una ley

Las autoridades municipales otorgan licencias a los prestadores de zonas rurales y zonas urbanas pequeñas con menos de 15 000 habitantes

El Ministerio de Salud (MINSA) y la Autoridad Nacional de Agua (ANA) otorgan autorizaciones para el vertido de aguas residuales |
| Mediar para resolver conflictos | Sí | No | --- |
| Realizar análisis de mercado | Sí | No | --- |

Fuente: Información proporcionada por Sunass, 2021.

Coordinación institucional

La Sunass opera en un entorno complejo, en conjunto con otros organismos públicos de los niveles nacional y subnacional (Cuadro 3.2; Cuadro 3.3).

La Ley Marco 1280 define las funciones respectivas de los ministerios y otros organismos públicos que intervienen en el sector del agua y saneamiento (incluida la Sunass), de los gobiernos locales y regionales y de los prestadores de servicios. No obstante, parece que algunas acciones se duplican en áreas como la recolección de datos, el desarrollo de capacidades y las campañas de concienciación pública dirigidas a fomentar una "cultura del agua" y a hacer entender la necesidad de pagar una tarifa por ella. Por otra parte, las diferentes interpretaciones del papel de la Sunass por parte de los actores del sector —sobre todo en cuanto a la responsabilidad de garantizar la calidad del agua potable— provocan problemas de coordinación. Si bien la definición de la Sunass de la calidad del servicio para las EPS usada en sus indicadores de referencia no incluye la calidad del agua, la aplicada en las zonas rurales sí incluye el tratamiento del agua (cloración).

Coordinación a nivel nacional

En general, se observa un desajuste entre el complejo marco jurídico del sector del agua y saneamiento y la capacidad de las instituciones peruanas para ponerlo en práctica (OECD, 2021[2]). La escasa capacidad contribuye a la falta de claridad en torno a las funciones y obligaciones y resulta agravada por ella, ya que los mandatos y los límites de actividad no siempre se captan con claridad. No hay reuniones institucionalizadas periódicas para establecer la coordinación de alto nivel entre el regulador y otras autoridades públicas que intervienen en el sector del agua y saneamiento. En 2020 y en los primeros meses de 2021 se celebraron reuniones especiales entre la PCM y la Sunass —en particular en el contexto de la respuesta del Estado a la pandemia de COVID-19— para debatir sobre asuntos pertinentes y determinar si el organismo regulador necesita apoyo del Ejecutivo. Como órgano de coordinación del Poder Ejecutivo, la PCM ha mediado en los contactos entre la Sunass y los ministerios competentes, sobre todo con el Ministerio de Economía y Finanzas (MEF) en relación con cuestiones presupuestarias. La emergencia provocada por COVID-19 impulsó una mayor coordinación ad hoc de alto nivel. Por ejemplo, el MEF convocó a las autoridades públicas del sector del agua, incluido su organismo regulador, a analizar el decreto de emergencia como respuesta a la crisis sanitaria.

No se evalúa de manera continua o periódica la existencia de posibles duplicidades con otros organismos reguladores ni de lagunas en el marco normativo. Sin embargo, el Tribunal Constitucional tiene la facultad de definir cuál es la autoridad competente en un asunto determinado (según lo estipulado en la Constitución Política y en el Código Procesal Constitucional del Perú) y la PCM puede emitir opiniones técnicas sobre conflictos de competencia entre entidades del Poder Ejecutivo[4]. Los procesos de este tema no son habituales y no ha surgido ningún caso relacionado en el sector.

Para facilitar la coordinación, la Sunass tiene siete acuerdos de cooperación con los siguientes organismos públicos, en los que se establece su compromiso de intercambiar información, recursos técnicos, formación, entre otros:

- Autoridad Nacional del Agua (ANA).
- OTASS, en el marco del Programa de Modernización con el Banco Mundial-
- Instituto Nacional de Investigación en Glaciares y Ecosistemas de Montaña, (INAIGEM).
- Ministerio del Ambiente (MINAM).
- Servicio Nacional de Meteorología e Hidrología del Perú (SENAMHI).
- Organismo Supervisor de la Inversión en Energía y Minería (OSINERGMIN).
- Organismo Supervisor de Inversión Privada en Telecomunicaciones (OSIPTEL).

Cuadro 3.2. Coordinación con otras entidades públicas a nivel nacional

Autoridades	Tipo	Ámbito de competencia	Mandato (en relación con la regulación del sector)	Áreas de competencia conjunta con la Sunass
PCM	Ministerio	Nacional	Coordina las políticas nacionales y sectoriales del Poder Ejecutivo. Coordina las relaciones con los demás Poderes del Estado, los órganos constitucionales, los gobiernos regionales, los gobiernos locales y la sociedad civil. Emite regulaciones con estatus infrajurídico, como los Decretos Supremos, que pueden incidir en las funciones de la SUNASS.	
MVCS	Ministerio	Nacional	Organismo rector del sector de saneamiento. Responsable de establecer y orientar las políticas públicas, establecer regulaciones, promover las asociaciones público-privadas en el sector para la prestación de servicios de saneamiento. Brinda asistencia técnica a los prestadores de servicios en zonas rurales y ciudades pequeñas	Coordinación de la puesta en marcha de la política sectorial. Desarrollo de las regulaciones relacionadas con el sector de los servicios de saneamiento. Aprobación del programa de inversiones de los prestadores de servicios
MINAM	Ministerio	Nacional	Coordina la ejecución de la política ambiental nacional con los distintos sectores, gobiernos regionales y gobiernos locales. Aprueba las disposiciones regulatorias dentro de sus facultades. Formula y aprueba planes, programas y proyectos dentro del ámbito de competencia de su sector. Establece Normas de Calidad Ambiental (NCA) y Límites Máximos Permisibles (LMP). Promueve la instauración de mecanismos de	Formulación de regulaciones vinculadas con la protección de los recursos naturales. Consideración en la tarifa de los costos implicados en el cumplimiento de las regulaciones y los límites. Emisión de disposiciones destinadas a promover, diseñar y poner en marcha de mecanismos de retribución para los servicios ecosistémicos. Consideración en la tarifa del importe

Autoridades	Tipo	Ámbito de competencia	Mandato (en relación con la regulación del sector)	Áreas de competencia conjunta con la Sunass
			retribución de los servicios ecosistémicos.	de la retribución de los servicios ecosistémicos.
MINSA	Ministerio	Nacional	Como órgano rector del Sistema de Salud, su función es verificar la calidad del agua para consumo humano	Definición de disposiciones y supervisión de la calidad en relación con los servicios de saneamiento
DIGESA	Órgano del Ministerio de Sanidad	Nacional	Formula y propone políticas de control y sanción en materia de salud ambiental. Formula regulaciones, directrices técnicas, metodologías, procedimientos, protocolos y otros instrumentos de regulación vinculados con el control y la sanción de la salud ambiental. Regula la calidad del agua para consumo humano, para la población y el uso recreativo. Supervisa el cumplimiento de la normativa vigente en materia de calidad del agua.	Fiscalización y vigilancia de asuntos relacionados con el sector. Consideración en la tarifa de los costos del cumplimiento de los límites máximos permisibles de agua para consumo humano.
ANA	Agencia técnica especializada	Nacional	Gestiona y controla las fuentes naturales de agua. Autoriza los volúmenes de agua utilizados y/o distribuidos por los prestadores de servicios de agua (EPS y juntas de riego). Evalúa los instrumentos ambientales. Concede derechos de uso del agua (como recurso natural), autorizaciones de descarga y reutilización de aguas residuales tratadas. Autoriza obras en fuentes naturales de agua (como recurso natural). Gestiona las aguas subterráneas en los casos en que no se han reservado a las empresas de prestación de servicios de agua.	Emisión de regulaciones relativas al agua como recurso natural. Supervisión de temas relativos al agua como recurso natural. Consideración en la tarifa del costo del uso del agua. Aprobación de la tarifa del servicio de control y gestión de las aguas subterráneas. Inclusión de las ODS de la Sunass en los grupos técnicos de los Consejos de Recursos Hídricos.
OTASS	Agencia técnica especializada	Nacional	Asume la gestión de las EPS incorporadas en el Régimen de Apoyo Transitorio (es decir, que son insolventes) Promueve e implementa la política sectorial en materia de administración y gestión para la prestación de servicios de saneamiento Refuerza las capacidades de las EPS no incluidas en el Régimen de Apoyo Transitorio, así como de las de otros prestadores de servicios urbanos Promueve planes y ejecuta la integración de los prestadores de servicios Prioriza el ingreso y la gestión del Régimen de Apoyo Transitorio de los prestadores de servicios públicos con participación municipal	Emisión de regulaciones relativas al sector del saneamiento. Evaluación del ingreso o la continuidad de las EPS en el Régimen de Apoyo Transitorio
Agencia de Promoción de la Inversión Privada (PROINVERSIÓN)	Organismo Técnico Especializado adscrito al Ministerio de Economía y Hacienda	Nacional	Ejecuta la Política Nacional de Promoción de la Inversión Privada establecida por el Ministerio de Economía y Finanzas, especialmente en la promoción de las asociaciones público-privadas. Diseña, lleva a cabo y concluye los procesos de promoción de la inversión privada en su ámbito de competencia y los proyectos que le sean encomendados; participa en la etapa de ejecución contractual de acuerdo con sus atribuciones. Dirige los procesos de inversión privada en materia de saneamiento.	Emisión de resoluciones sobre proyectos de contratos de concesión.
Instituto Nacional de Defensa de la Competencia y de	Organismo público adscrito a la	Nacional	Agencia de la Competencia, responsable de resolver los litigios relativos a la competencia (abuso de posición dominante y prácticas	Resolución de conflictos entre usuarios y prestadores en segunda instancia.

Autoridades	Tipo	Ámbito de competencia	Mandato (en relación con la regulación del sector)	Áreas de competencia conjunta con la Sunass
la Protección de la Propiedad Intelectual (INDECOPI)	PCM		anticompetitivas) y los obstáculos burocráticos. Protege los derechos de los consumidores. Se pronuncia en los casos en que se verifican las lesiones efectivas a los derechos de los consumidores.	
Organismo de Evaluación y Fiscalización Ambiental (OEFA)	Agencia técnica especializada	Nacional	Supervisa el cumplimiento con los límites máximos permisibles y las normas de calidad del agua.	Supervisión y control de asuntos relacionados con el sector.
Instituto Nacional de Calidad (INACAL)	Agencia técnica especializada adscrita al Ministerio de Producción	Nacional	Es el órgano rector del Sistema Nacional de Calidad.	Establecimiento de regulaciones vinculadas con las entidades que realizan la verificación posterior de los medidores.
MEF	Ministerio	Nacional	Establece los principios, procesos, regulaciones, procedimientos técnicos e instrumentos que guían el proceso presupuestario de las Entidades Públicas.	
Ministerio de Desarrollo e Inclusión Social (MIDIS)	Ministerio	Nacional	Es responsable de la intervención en la zona rural de las inversiones en saneamiento, mantenimiento y rehabilitación de los sistemas. Es responsable del Sistema de Focalización de Hogares (SIFOH), cuyo objetivo es identificar a quienes viven en situación de pobreza, vulnerabilidad o exclusión, como posibles beneficiarios de las intervenciones que deben realizar los programas sociales y los subsidios estatales.	

Fuente: Información proporcionada por Sunass, 2021.

Coordinación a nivel subnacional

La Sunass opera en el seno de un complejo panorama institucional a nivel subnacional, en el que intervienen varios ministerios y órdenes de gobierno municipales y regionales del sector (Cuadro 3.3). Las superposiciones, las duplicidades y las zonas grises en las regulaciones y su instauración son consecuencia de las complejas relaciones entre las instituciones nacionales y los órdenes de gobierno (OECD, 2021[2]). Asimismo, la inestabilidad del contexto político es un reto para la coordinación a este nivel, debido a la elevada rotación de personal prevaleciente en algunas instituciones.

Las oficinas descentralizadas de la Sunass lideran la cooperación a nivel subnacional. Otras autoridades públicas describen a la Sunass como un socio abierto, colaborativo y dinámico, además de que consideran la coordinación con otras instituciones a nivel subnacional como un elemento clave para mejorar la eficacia. El órgano regulador participa en las Comisiones Regionales de Saneamiento, convocadas por los gobiernos regionales encargados de supervisar los planes regionales de saneamiento. También se observa una importante coordinación con las unidades técnicas municipales (ATM) que realizan las tareas de supervisión y cumplimiento hasta que la Sunass pone en práctica estas funciones. En particular, la Sunass ha impartido capacitación a las ATM y a los prestadores de servicios rurales (JASS/Organizaciones comunales). Sin embargo, la coordinación puede resultar obstaculizada por la escasa capacidad y la alta rotación de las ATM.

El grado de coordinación de la Sunass con otros actores a nivel subnacional también se restringe por el alcance relativamente limitado de sus oficinas descentralizadas. El número de miembros del personal y su capacidad implican que las oficinas afronten retos al interactuar con los múltiples gobiernos municipales. Por otra parte, en tanto que el personal de los gobiernos regionales y de las ATM pueden estar presentes en las comunidades locales, en muchos casos la Sunass opera a distancia (por ejemplo, impartiendo sesiones virtuales de formación), en parte debido a las formas de trabajar en el contexto de la pandemia de COVID-19, y en parte por las limitaciones de recursos. Algunas municipalidades se ubican en lugares muy alejados y llegar a ellos toma mucho tiempo de traslado. Muchos de ellos no tienen conexión a Internet, lo que les impide participar en las actividades en línea de la Sunass.

Parece haber duplicidad de esfuerzos por parte de la Sunass y otros organismos públicos que intervienen a nivel subnacional; por ejemplo, en términos de formar a los prestadores de servicios, promover la importancia de clorar el agua y realizar un inventario de la infraestructura de agua y saneamiento.

Cuadro 3.3. Coordinación con otras entidades públicas a nivel subnacional

Autoridades	Tipo	Ámbito de competencia	Mandato (en relación con la regulación del sector)	Áreas de competencia conjunta con la Sunass
Gobiernos regionales	Gobierno subnacional	Regional	Encargarse de formular, aprobar, actualizar y ejecutar los Planes Regionales de Saneamiento, al actuar en los ámbitos de promoción, asistencia técnica, formación, investigación científica y tecnológica en materia de saneamiento. Brindar apoyo técnico y financiero a los gobiernos locales para la prestación de servicios de saneamiento, de acuerdo con el Plan Nacional de Saneamiento. Implementar programas de saneamiento a petición de los gobiernos locales.	
Dirección Regional de Salud (DIRESA)	Organismo descentralizado del Gobierno Regional	Regional	Fiscalizar y aplicar sanciones por el incumplimiento de la regulación relativa a la calidad del agua para el consumo humano.	Control del proceso de tratamiento del agua para el consumo humano.
Gobiernos locales	Gobierno subnacional	Local	Establecer un Área Técnica Municipal para supervisar y brindar asistencia técnica y capacitación a los prestadores de servicios de las pequeñas localidades y centros poblados rurales, según corresponda. Participar en la formulación y actualización del Plan Regional de Saneamiento. Planificar y ejecutar inversiones para cerrar las brechas de saneamiento en su jurisdicción, asignar recursos para su financiamiento e incorporación en los Planes Regionales de Saneamiento. Financiar y cofinanciar la reposición y mantenimiento de la infraestructura de saneamiento rural. Velar por el cumplimiento de las normas sectoriales.	La ATM se encargará de las tareas de fiscalización y sanción hasta que la Sunass ponga en marcha estas funciones. Mientras tanto, la ATM presenta información a la Sunass.

Fuente: Información proporcionada por Sunass, 2021.

Cooperación internacional

La Sunass tiene varios acuerdos de cooperación con socios de desarrollo (donantes internacionales) y organizaciones sin ánimo de lucro, para apoyar el desarrollo de capacidades y proporcionar asistencia técnica relacionada con el diseño y la implementación del esquema de pagos por servicios ecosistémicos de MERESE. Muchos de estos proyectos se supervisan en las oficinas descentralizadas de la Sunass, en tanto que la Oficina de Planificación, Presupuesto y Modernización (OPPM) en las oficinas centrales central desempeña un papel de coordinación, al mantener las relaciones con el Ministerio de Relaciones

Exteriores (RREE) y la Agencia Peruana de Cooperación Internacional (APCI) y centralizar la información en una herramienta digital para uso interno.

En el ámbito internacional, la Sunass participa de manera activa en foros e iniciativas regionales destinados a promover la cooperación y la coordinación internacional en materia de regulación, en especial la Asociación de Entes Reguladores de Agua y Saneamiento de las Américas (ADERASA) y el Programa de Mejora de las Políticas Públicas y la Regulación de los Servicios de Agua y Saneamiento en América Latina y el Caribe (RegWAS LAC).

Aportación a las políticas

La Sunass contribuye a la formulación y perfeccionamiento de políticas, leyes y regulaciones ministeriales mediante la presentación de dictámenes no vinculantes. Durante la elaboración y aprobación de un proyecto de ley, el Congreso puede solicitar a la Sunass que presente información, comentarios o sugerencias, a los cuales deberá responder el regulador. Una situación similar se suscita en los proyectos normativos con estatus infrajurídico, como los decretos supremos emitidos por el MVCS, entidad a la que la Sunass puede también presentar comentarios.

El regulador conforma equipos multidisciplinarios dedicados a preparar las propuestas de dictamen, que son revisadas por la Dirección de Políticas y Normas (DPN) de la Sunass y el Director de la Oficina de Asesoría Jurídica (OAJ). La carga de trabajo que estas tareas implican se considera gestionable.

No hay requisito legal alguno para que el MVCS solicite la opinión de la Sunass; sin embargo, el Texto Único Ordenado de la Ley de Procedimientos Administrativos[5] sí estipula que los organismos públicos deberán colaborar. En ocasiones, es posible que la PCM convoque a la Sunass y a otras partes interesadas con miras a llegar a un acuerdo sobre los textos regulatorios. En la práctica, la Sunass informa de casos en los que el MVCS emitió regulaciones pertinentes sin consulta previa, o en los que el regulador divulgó la regulación pertinente publicada en el Boletín Oficial y, en consecuencia, presentó sus comentarios. La Sunass ha opinado sobre las regulaciones —incluidas aquellas que le asignan nuevas funciones— que no siempre se han tomado en cuenta.

La Sunass no publica las opiniones y comentarios que presenta. Por lo general, sus comentarios al Congreso se resumen en los dictámenes emitidos por las comisiones del Congreso, y los ciudadanos pueden solicitar estos al Congreso vía el procedimiento de acceso a la información pública.

Además, la Sunass emite opiniones sobre los contratos de concesión supervisados por ProInversión, la agencia peruana de promoción de la inversión privada. La Sunass emite opiniones en dos momentos del ciclo de inversión: 1) en la etapa de "estructuración", su opinión sobre una primera versión del contrato de concesión no es vinculante; 2) en la etapa de "transacción", su opinión sobre una versión final del contrato de concesión es vinculante en algunos aspectos, sobre todo en cuanto a las modalidades del acuerdo relacionadas con la definición de las tarifas, el acceso a los servicios y las obligaciones de los prestadores de servicios. Por otra parte, emite opiniones que se consideran técnicamente sólidas, pero las diferentes prioridades de cada regulador y de la agencia de promoción de inversiones pueden generar diferencias en los dictámenes sobre los contratos. Podría requerirse de dos a tres rondas para obtener una opinión favorable del regulador. ProInversión está obligada a publicar en su página web toda la información vinculada con los proyectos, incluidas las opiniones de la Sunass sobre los contratos de concesión. No obstante, en la práctica, no todas se han publicado.

En el ámbito internacional, Sunass contribuye a las negociaciones de acuerdos internacionales pertinentes; por ejemplo, los acuerdos para alcanzar el Objetivo de Desarrollo Sostenible 6 sobre agua limpia y saneamiento.

Objetivos estratégicos

Plan estratégico

La Sunass opera en el marco de un Plan Estratégico Institucional (PEI) 2020-2024 de cinco años de duración, el cual establece cinco Objetivos Estratégicos Institucionales (OEI) y metas relacionadas. Los OEI se proponen contribuir a los Objetivos Estratégicos Sectoriales del Plan Estratégico Sectorial Multianual (PESEM), fijado por la PCM. Cada uno de estos objetivos está vinculado con indicadores cuantitativos y metas con plazos determinados, de modo que el regulador pueda supervisar la aplicación del PEI.

Los objetivos estratégicos se integran en un Plan Operativo Institucional Multianual (POI) que contiene todas las actividades operativas relacionadas con los objetivos estratégicos, para dar así congruencia a las actividades cotidianas y al plan estratégico general. No es posible emprender ninguna actividad que no esté incluida en el POI.

En los últimos años el regulador incorporó varios cambios en sus planes estratégicos:

- En 2017, el Consejo Directivo de la Sunass aprobó el PEI 2017-2019, en el que se definieron los siguientes objetivos estratégicos institucionales (OEI): 1) optimizar la calidad de los servicios de saneamiento provistos a los usuarios, 2) contribuir a la provisión de servicios de saneamiento a los usuarios en condiciones de equidad, 3) contribuir al uso racional y sostenible del agua por parte de usuarios y prestadores de servicios de saneamiento, 4) mejorar la gestión institucional y, 5) fortalecer la gestión del riesgo de desastres.
- En 2019, la Comisión de Planificación Estratégica amplió el PEI para que abarcara el periodo 2017-2022 (según la normativa del CEPLAN, una vez que el periodo del PEI se determina, puede ampliarse después).
- En 2020, en una revisión del PEI 2017-2022, se resolvió que era necesario preparar un nuevo plan estratégico.
- En febrero de 2020, el Consejo Directivo aprobó el PEI 2020-2023 y cambió tres de los cinco objetivos estratégicos del anterior PEI, como se muestra en la Cuadro 3.4.
- En mayo de 2021, el Consejo prorrogó el PEI para así cubrir el periodo 2020-24.

Cuadro 3.4. Objetivos estratégicos, indicadores y metas de la SUNASS, PEI 2020-24

Objetivo (OEI)	Indicador	Objetivos				
		2020	2021	2022	2023	2024
1. Reforzar la prestación de servicios de saneamiento al usuario	Índice de Gestión de la Prestación de los Servicios de Saneamiento (IGPSS).	76.31%	78.86%	81.41%	83.96%	84.01%
	Porcentaje de prestadores que operan en zonas rurales con buena gestión	25.05%	25.88%	26.72%	27.56%	28.41%
2. Consolidar la descentralización de las funciones de la Sunass	Porcentaje de oficinas descentralizadas que registran un rendimiento óptimo en el desempeño de las funciones descentralizadas	70%	80%	90%	100%	100%
3. Mejorar la percepción y la valoración de los servicios de saneamiento por parte de los usuarios	Porcentaje de usuarios que valoran la importancia de contar con servicios de saneamiento	3%	5%	10%	15%	10%
	Porcentaje de usuarios satisfechos con los servicios de la SUNASS	50%	55%	60%	70%	75%
	Porcentaje de usuarios de los servicios de saneamiento que están dispuestos a pagar las tarifas establecidas.	0%	5%	10%	15%	20%
4. Reforzar la gestión institucional	Porcentaje de clientes internos satisfechos con los servicios prestados por los organismos	60%	65%	70%	75%	80%

Objetivo (OEI)	Indicador	Objetivos				
		2020	2021	2022	2023	2024
	competentes					
5. Poner en marcha la gestión del riesgo de desastres*	Porcentaje de implementación del Plan de Gestión de Riesgo de Desastres	50%	60%	70%	80%	90%

* Este objetivo es obligatorio para todos los organismos públicos, según se establece en el CEPLAN.
Fuente: Información proporcionada por Sunass, 2021.

Proceso de fijación de objetivos estratégicos

El CEPLAN determina el proceso y la metodología que se seguirán para desarrollar el PEI. En el interior de la Sunass, el proceso es coordinado por la OPPM.

- El Presidente Ejecutivo de la Sunass conforma la Comisión de funcionarios de alto nivel de la administración y por los jefes de las direcciones y oficinas seleccionados por el Consejo, y es dirigida por el Presidente Ejecutivo, quien fija los puntos generales por considerar.
- Una sección transversal más amplia del personal de la Sunass participa en el proceso de planificación mediante la creación de un equipo técnico (de 20 miembros) nombrado por la Comisión y mediante la impartición de seminarios. En total, alrededor del 8% del personal participa en el proceso.
- El equipo técnico prepara una propuesta de PEI basada en los resultados de los seminarios que convocan a la alta dirección y al personal de toda la organización, incluidos los jefes de oficinas descentralizadas. La Comisión aprueba el documento en el que se plasma el PEI.
- El PEI se envía a la PCM para su revisión y aprobación. La PCM verifica que este coincida con los objetivos del plan estratégico de todo el sector. Durante el proceso de evaluación del PEI propuesto, la OPPM interactúa con la PCM para responder cualquier duda. Hasta la fecha, la Sunass siempre ha recibido la aprobación de la PCM sin comentarios ni solicitudes de cambios.
- El PEI se envía al CEPLAN para su aprobación metodológica.
- El proceso de planificación estratégica concluye con la aprobación del PEI por parte del Consejo Directivo de la Sunass, tras lo cual se publica en la página web del regulador y en el Portal de Transparencia de Perú.

Comunicaciones

La Oficina de Comunicación e Imagen Institucional (OCII) se creó en 2019 con el propósito de elevar la comunicación a un nivel corporativo más centrado en las comunicaciones estratégicas con todas las partes interesadas para lograr los objetivos estratégicos del regulador. Anteriormente, el equipo de comunicaciones dependía de la Dirección de Usuarios y se centraba en la difusión de información a los consumidores. Ahora, dicha Dirección sigue realizando campañas educativas dirigidas a los consumidores.

La Sunass ha emprendido campañas de concienciación sobre los beneficios de beber agua tratada y ha desarrollado programas de comunicación para apoyar la aceptación por parte de los usuarios de pagar por el agua. Las oficinas descentralizadas cuentan con personal formado en el área de comunicaciones para apoyar la estrategia diseñada en las oficinas centrales. Sin embargo, por la falta de presupuesto, en la práctica hay pocas campañas locales y las personas que trabajan en ellas no reciban remuneración. Los planes para emprender más campañas se suspendieron durante la pandemia de COVID-19 con miras a centrar toda la comunicación en la emergencia sanitaria.

En fecha reciente la Sunass modificó su sitio web para orientarlo más al usuario y usar un lenguaje sencillo y accesible. Además, prepara materiales informativos escritos de manera sencilla y algunos elementos de comunicación se elaboran en lenguas nativas.

Independencia y prevención de influencias indebidas

La Ley N° 27332 establece a la Sunass como un organismo público y descentralizado adscrito a la PCM, y que goza de autonomía administrativa, funcional, técnica, económica y financiera. La Sunass elabora su programa anual de trabajo de manera independiente. No obstante, este regulador depende de que la PCM o el MEF aprueben varios procedimientos:

- Presupuesto [MEF]
- Plan estratégico (PEI) [PCM y CEPLAN]
- Cuadro para Asignación de Personal (CAP): los puestos clasificados de la entidad con base en la estructura orgánica vigente prevista en su Reglamento de Organización y Funciones [PCM]
- Presupuesto de personal analítico: el presupuesto para los servicios específicos del personal permanente y temporal [MEF]
- Estándares, excepto regulaciones, que deben someterse a un análisis de calidad regulatoria[6] [PCM]
- Permiso para viajes internacionales del personal [PCM]

Insumos

Recursos financieros

La Sunass se financia con una mezcla de fondos públicos y cuotas de la industria. La reforma del mandato del regulador realizada en 2016 cambió su modelo de financiación. En fechas anteriores, el regulador se financiaba únicamente con las cuotas de las empresas de servicios públicos que regulaba, con lo que recaudaba un máximo del 1% de la facturación anual después de los impuestos sobre las ventas y la promoción[7]. Para cubrir la ampliación de su mandato fuera de las zonas urbanas, los fondos gubernamentales ahora aportan la mayor parte del presupuesto, en tanto que los ingresos de las entidades reguladas representan el 42% de su presupuesto anual (Cuadro 3.5).

Cuadro 3.5. Fuentes de ingresos

Fuentes de ingresos	2015 Cantidad (mln PEN)	2015 % del financiamiento total	2016 Cantidad (mln PEN)	2016 % del financiamiento total	2017 Cantidad (mln PEN)	2017 % del financiamiento total	2018 Cantidad (mln PEN)	2018 % del financiamiento total	2019 Cantidad (mln PEN)	2019 % del financiamiento total	2020 Cantidad (mln PEN)	2020 % del financiamiento total	2021 Cantidad (mln PEN)	2021 % del financiamiento total	2022 (est) Cantidad (mln PEN)	2022 (est) % del financiamiento total
Fondos públicos	0	0	0	0	27.9	48	52.7	66	64.1	61	68.5	65	55.5	58	53.1	63
Cuotas	27.8	100	29.8	100	30.8	52	27.4	34	41.1	39	37.2	35	40.3	42	31.2	37
Recursos de operaciones oficiales de crédito	0	0	0	0	0	0	0	0	0	0	0.2	0	0	0	0	0
Total	27.8	100	29.8	100	58.6	100	80.1	100	105.2	100	105.9	100	95.8	100	84.3	100

Fuente: Información proporcionada por Sunass, 2021.

Los fondos públicos se transfieren directamente del MEF a la Sunass al inicio del año natural, en forma de créditos presupuestarios. Las empresas de servicios públicos pagan su cuota a la Sunass cada mes (49 de 50 prestadores cumplen con el pago de dichas cuotas).

El presupuesto anual de operación de la Sunass fue de casi 105.9 millones PEN (unos 26 millones de dólares) en 2020, lo que significa que fue 3.5 veces más grande que el presupuesto en 2016, en consonancia con la ampliación de sus funciones. Sin embargo, desde entonces la contribución del gobierno al presupuesto ha reducido. En consecuencia, en 2021 el presupuesto se redujo casi 10% (a 95.8 millones de PEN) y se estima que en 2022 disminuya otro 12% (a 84 millones de PEN), debido también a una baja prevista de los ingresos por las tarifas cobradas.

El regulador afirma que sus recursos son insuficientes para llevar a cabo su mandato. Incluso antes de que sus funciones se extendieran a las zonas rurales, la Sunass consideraba que su presupuesto era insuficiente para desempeñar plenamente sus funciones, pues las empresas prestadoras del servicio de agua en Perú suelen ser organismos públicos pequeños con bajos ingresos comerciales. Si bien se aplica un tope del 1% a todos los organismos reguladores, los ingresos del sector del agua son muy diferentes de los de otros sectores (por ejemplo, energía y minería).

Algunas actividades infrafinanciadas son la supervisión y fiscalización (en particular, la supervisión de los contratos, fondos y reservas de las asociaciones público-privadas, APP, y la fiscalización de los procesos de tratamiento de aguas residuales y las normas de calidad del agua) y la fijación de tarifas (la nueva regulación tarifaria exige una actualización más frecuente de las tarifas y su fijación en las localidades pequeñas). Según el regulador, actividades como la recolección de datos y la gestión de la información, así como el equipo, los programas informáticos y el mantenimiento de los sistemas de información, también están infrafinanciados.

Gestionar los recursos financieros

El gasto presupuestario se realiza por período presupuestario, del 1 de enero al 31 de diciembre, a partir del presupuesto institucional aprobado cada año según las regulaciones emitidas por el MEF.

El proceso presupuestario se coordina con el MEF por medio de un sistema digital. La Sunass presenta diario la información a través del Sistema Integrado de Administración Financiera (SIAF) en línea, como parte del sistema de presupuesto basado en el desempeño de toda la administración de Perú.

La Sunass elabora una programación presupuestaria plurianual como parte de su proceso de planificación estratégica. La OPPM supervisa dicha elaboración (Cuadro 3.6).

- Se realizan reuniones de coordinación con los equipos de Lima y de las oficinas descentralizadas para preparar el POI, la Programación Presupuestaria Plurianual y la Formulación del Presupuesto.
- El POI se elabora y las actividades operativas y los objetivos físicos se determinan siguiendo las directrices del CEPLAN.
- Una vez definido el POI, se prepara el presupuesto plurianual de acuerdo con la normativa presupuestaria.
- Cada oficina o equipo de la Sunass completa, bajo su responsabilidad, un cuadro de necesidades para las actividades operativas.
- La OPPM evalúa el cuadro de necesidades y fija el presupuesto.
- Se toma como referencia el nivel de ingresos previsto y la ejecución presupuestaria del año anterior.
- Para garantizar la alineación del presupuesto de la Sunass con los objetivos del PEI, cada actividad del POI está alineada con un objetivo estratégico, y además se registra la información financiera.

- Se presenta el presupuesto al MEF para su aprobación.
- En el caso del personal de nómina o con Contrato Administrativo de Servicios (CAS), el MEF utiliza como parámetro el número de cargos registrados en el Aplicativo Informático para el Registro Centralizado de Planillas y de Datos de los Recursos Humanos (AIRHSP), gestionado por el MEF.

Cuadro 3.6. Presupuesto anual por área (2021)

	Certificación del crédito presupuestario (000s PEN)	Porcentaje del presupuesto asignado
Gestión de oficinas descentralizadas	24 304	27.4%
Gestión administrativa	20 068	22.6%
Fiscalización y sanción de los servicios de saneamiento	13 973	15.7%
Comunicación y atención al usuario	9 181	10.3%
Regulación y fijación de tarifas	7 630	8.6%
Resolución de reclamos y conflictos	4 010	4.5%
Desarrollo de herramientas regulatorias	2 830	3.2%
Conducción y orientación superiores	2 752	3.1%
Planificación y elaboración de presupuestos	1 701	1.9%
Asesoramiento técnico y jurídico	1 477	1.7%
Procedimiento administrativo sancionador	593	0.7%
Acciones de control y auditoría	337	0.4%
Total de todas las fuentes	88 856	100%

Notas: La certificación del crédito presupuestario es un procedimiento administrativo dirigido a garantizar la disponibilidad de crédito presupuestario para el ejercicio fiscal respectivo, a fin de autorizar los gastos de conformidad con el presupuesto institucional. El porcentaje asignado se obtuvo promediando el Presupuesto Institucional de Apertura (PIA) y el Presupuesto Institucional Modificado (PIM). PIA: 88 856 348; PIM: 95 761 514.
Fuente: Información proporcionada por Sunass, 2021.

La OPPM elabora informes semanales sobre la ejecución del presupuesto. Cada mes se presenta la oportunidad de revisar y reajustar, de ser necesario, la asignación de recursos entre las diferentes unidades, tras el análisis de la ejecución del presupuesto y el cumplimiento de la priorización de las actividades operativas.

Al igual que otros organismos públicos bajo los auspicios de la PCM, la Sunass registra todas sus operaciones financieras en el SIAF. En el portal de acceso público del MEF "Transparencia Económica Perú" se incluye información sobre los ingresos y el presupuesto de la Sunass, la cual se actualiza diariamente. Más aún, la Sunass se ha adherido progresivamente a las normas internacionales de calidad para la gestión financiera y en 2020 logró la certificación ISO (ISO 9001:2015).

La Sunass está sujeta a varias regulaciones del Gobierno central en lo referente a la gestión de sus recursos financieros:

- El presupuesto es aprobado anualmente por el MEF antes de su aprobación por el Congreso.
- Los funcionarios de la Sunass son remunerados de acuerdo con los límites mínimos y máximos fijados por el Decreto Supremo y refrendados por el Consejo de Ministros y el MEF.
- La PCM tiene autoridad sobre algunas asignaciones presupuestarias, incluida la aprobación de viajes al extranjero con fines de representación institucional.
- Los excedentes de las cuotas pueden trasladarse al año o años siguientes, en tanto que los excedentes de los fondos públicos deben devolverse a la Tesorería cada año. La Sunass ha encontrado dificultades en la asignación de recursos debido a la etiquetación de sus diferentes

flujos de ingresos. Los fondos públicos se destinan exclusivamente a las nuevas responsabilidades de la Sunass en localidades pequeñas y zonas rurales. Sin embargo, parte del personal desempeña funciones en zonas urbanas más grandes, así como en ciudades y zonas rurales pequeñas.

Por otra parte, según informes de la Sunass, en un inicio enfrentó algunos problemas debido a la asignación del presupuesto nacional, ya que su asignación presupuestaria se distribuyó por medio del MVCS y no provino directamente del MEF. Debido al retraso en la recepción del presupuesto, el órgano regulador no dispuso de fondos suficientes para cubrir los sueldos, lo que provocó retrasos en los pagos y diversos conflictos laborales. Ahora recibe los fondos directamente del MEF, lo cual ha mejorado el proceso.

La auditoría interna es realizada por el Órgano de Control Institucional (OCI) que forma parte de la Contraloría General de la República del Perú (CGR), máxima autoridad del Sistema Nacional de Control (SNC), el cual supervisa, vigila y verifica la correcta aplicación de las políticas públicas y la utilización de los recursos y el patrimonio del Estado. El objetivo del OCI es supervisar el gasto y la gestión transparente de los recursos del regulador. El OCI es responsable de auditar todo el gasto público, por ejemplo, al supervisar los procedimientos y el proceso de evaluación relacionados con los contratos, las compras públicas y otros servicios. El regulador considera que el control del OCI aumentó en los últimos años.

El jefe del OCI es nombrado por la Contraloría y depende de ella, ya que de manera oficial la Contraloría es representada en el órgano regulador por el auditor jefe del OCI. El sueldo del jefe del OCI se paga con el presupuesto de la CGR, en tanto que el de los demás miembros del personal del OCI se pagan con recursos públicos de la Sunass.

Los informes del OCI se presentan al Contralor General y al Presidente Ejecutivo o Gerente General de la Sunass. La mayoría de ellos se refieren a las actividades financieras. En algunos de estos informes se examinan las actividades operativas de la Sunass (por ejemplo, la compra de vehículos para las oficinas descentralizadas o la fiscalización de los activos de la Sunass) o se verifican las actividades de supervisión y fiscalización de las oficinas descentralizadas o las resoluciones del Tribunal Administrativo de Solución de Reclamos de los Usuarios de los Servicios de Saneamiento (TRASS). Los informes del OCI están disponibles en línea.

Recursos humanos

La Sunass cuenta con una fuerza laboral total de 630 personas, (Cuadro 3.7, Cuadro 3.8). La fuerza laboral total creció 23% entre 2017 y 2020. Esta tendencia se debió en gran medida al aumento del personal de las oficinas de apoyo y asesoramiento[8], el cual se duplicó con creces en ese periodo de cuatro años.

Cuadro 3.7. Personal de Sunass por categoría, 2017-2020

Año	Personal de las oficinas de apoyo y asesoramiento	Personal de Direcciones	Total de la fuerza laboral
2020	137	493	630
2019	107	459	566
2018	94	456	550
2017	53	434	487

Fuente: Información proporcionada por Sunass, 2021.

Cuadro 3.8. Personal de Sunass por departamento, 2020

Departamento	Unidad	2020 CAP	%	CAS RDR	%	CAS RO	%	Total	
Dirección del Ámbito de la Prestación de Servicios	Lima (sede)					34	5.4%	34	5.4%
	Oficinas regionales	7	1.1%	69	11.0%	184	29.2%	260	41.3%
Dirección de Fiscalización		16	2.5%	5	0.8%	28	4.4%	49	7.8%
Dirección de Políticas y Normas		7	1.1%	5	0.8%	10	1.6%	22	3.5%
Dirección de Regulación Tarifaria		15	2.4%	6	1.0%	15	2.4%	36	5.7%
Dirección de Sanciones		2	0.3%	2	0.3%		0.0%	4	0.6%
Dirección de Usuarios		5	0.8%	15	2.4%	12	1.9%	32	5.1%
Gerencia General		3	0.5%	1	0.2%	2	0.3%	6	1.0%
Oficina de Administración y Finanzas		12	1.9%	13	2.1%	30	4.8%	68	10.8%
Oficina de Asesoría Jurídica		5	0.8%	2	0.3%	2	0.3%	9	1.4%
Órgano de Control Institucional		1	0.2%	2	0.3%	2	0.3%	5	0.8%
Oficina de Comunicaciones e Imagen Institucional		4	0.6%	8	1.3%	2	0.3%	14	2.2%
Oficina de Planeamiento, Presupuesto y Modernización		1	0.2%	2	0.3%	11	1.7%	20	3.2%
Oficina de Tecnologías de la Información		1	0.2%		0.0%	22	3.5%	23	3.7%
Presidencia Ejecutiva		5	0.8%		0.0%	3	0.5%	8	1.3%
TRASS		17	2.7%	23	3.7%		0.0%	40	6.3%
TOTAL		104	16.5%	153	24.3%	373	59.2%	630	100%

Nota: RO = recursos del presupuesto público; CAS = Contratos Administrativos de Servicios, régimen de la Ley 1057; CAP-P = Cuadro para Asignación de Personal Provisional, régimen de la Ley 728.
Fuente: Cuestionario PAFER 2021.

En el Manual de Organización y Funciones (MOF) y el Reglamento de Organización y Funciones (ROF) de la Sunass se describen las principales funciones de cada puesto. Cualquier cambio que se decidiera realizar en el ROF requiere la aprobación de la PCM mediante un decreto supremo.

Composición de la fuerza laboral

El personal de la Sunass proviene de una amplia gama de disciplinas profesionales y académicas; el grupo más numeroso está compuesto por ingenieros, seguido por el de abogados y el de economistas (Cuadro 3.9). Asimismo, el regulador cuenta con un número importante de funcionarios con formación en comunicación, gestión y contabilidad. Los informes anecdóticos de la Sunass indican que una parte importante de su personal ha trabajado en otros órganos reguladores. Cerca del 10% de las funciones y obligaciones de la Sunass son realizadas por contratistas y consultores externos[9].

Cuadro 3.9. Personal de la Sunass

Tipo de profesiones	Número	Porcentaje
Ingeniería	159	24.7
Derecho	124	19.3
Economía	83	12.9
Ciencias de la comunicación	58	9.0
Gestión	47	7.3
Contabilidad	40	6.2
Biología	33	5.1
Técnicos	33	5.1

Tipo de profesiones	Número	Porcentaje
Profesión no especificada	30	4.7
Sociología	14	2.2
Educación	4	0.6
Psicología	3	0.5
Ciencias políticas	2	0.3
Geología	2	0.3
Trabajo social	2	0.3
Turismo y gastronomía	2	0.3
Antropología	1	0.2
Arquitectura	1	0.2
Biblioteconomía y Ciencias de la información	1	0.2
Comercio	1	0.2
Estadística	1	0.2
Física	1	0.2
Investigación operativa	1	0.2
	643	100

Nota: Información con corte a marzo de 2021.
Fuente: Información proporcionada por Sunass, 2021.

Las mujeres están infrarrepresentadas en el nivel de alta dirección de la organización (Cuadro 3.10), sin embargo son mayoría en el Consejo Directivo En general, las mujeres representan el 46% del personal total y algo más de la mitad del personal técnico.

Cuadro 3.10. Equilibrio de género en la fuerza laboral

Categoría de personal	Mujeres	Hombres
Alta dirección	4	12
Personal técnico	152	148
Personal de apoyo	145	182
Total	301	342

Nota: Información corte a marzo de 2021. La categoría de Alta Dirección comprende al Consejo Directivo, la Presidencia Ejecutiva y la Gerencia General.
Fuente: Información proporcionada por Sunass, 2021.

De cara a los próximos 10 años, el regulador detectó la necesidad de reforzar las competencias en las áreas de gestión de la información y ciencias de la información, así como en la obtención y gestión de información biofísica en las cuencas hidrográficas y su impacto en los aspectos económicos de la regulación; ello con el fin de apoyar el nuevo papel del regulador en los procesos de los MERESE.

Contratación

La Sunass contrata a la mayoría de su personal de acuerdo con las normas y los procedimientos establecidos por la Autoridad Nacional del Servicio Civil (SERVIR) y el Ministerio de Trabajo y Promoción del Empleo (MTPE). El sitio web oficial del empleo, gestionado por SERVIR, publica información sobre cada etapa del proceso, desde la selección hasta los resultados finales. No hay criterios preestablecidos para la contratación.

La Sunass cuenta con 18 cargos considerados "de confianza" que están exentos del concurso público de méritos[10]. La ley permite el libre nombramiento y remoción de estos cargos y los requisitos mínimos para ellos se definen en el Clasificador de Cargos de la Sunass. Los cargos de confianza se designan en el

CAP-P. Los cargos de confianza son la Gerencia General, varios Directores[11] o Jefes de Oficina y asesores de la Presidencia Ejecutiva y la Gerencia General.

La Gerencia General da la aprobación final a la contratación de personal para cada puesto.

La Sunass no puede contratar personal de nivel directivo que provenga directamente de una entidad regulada. Debe respetarse un periodo de pausa de un año antes de la contratación. También existen restricciones posteriores a la contratación que incluyen un periodo de pausa de un año durante el cual el personal no puede trabajar para una entidad regulada. Ambas disposiciones figuran en el Decreto Supremo N° 017-2001-PCM.

Remuneración y condiciones contractuales

Los funcionarios de la Sunass trabajan bajo dos regímenes laborales: la Ley núm. 728 y la Ley núm. 1057. El 14% del personal trabaja de conformidad con las regulaciones laborales del sector privado, que no suelen brindarse en las entidades públicas (régimen de la Ley núm. 728)[12]. Dicha ley ofrece contratos indefinidos con todas las prestaciones. El número de cargos es fijo, lo que significa que solo podrán hacerse contrataciones apegadas al régimen de la Ley núm. 728 cuando un cargo acogido a dicha ley quede vacante. Las entidades sometidas a este régimen laboral tienen escalas de remuneración diferentes de las pertenecientes al sistema de remuneración única. Esto permite que el personal altamente cualificado que ocupa cargos de responsabilidad quede exento del requisito de ascender paso a paso por los niveles jerárquicos de una organización. Los Directores de Oficinas y Departamentos contratados mediante concurso público se acogen a este régimen.

El 86% de los empleados de la Sunass fueron contratados bajo el régimen de la Ley núm. 1057 del CAS. El régimen CAS ofrece menos prestaciones laborales, como seguros o pensiones, a diferencia del régimen 728. Sin embargo, la Ley núm. 29849 estableció la eliminación progresiva de la Ley núm. 1057, y la Ley núm. 1131 otorgó derechos laborales a los empleados acogidos a este régimen.

En el caso del personal que ocupa "cargos de confianza" (por ejemplo, el Gerente General, los asesores del Presidente Ejecutivo y ciertos directores), su nombramiento no está sujeto a un plazo y puede rescindirse en cualquier momento y sin motivo.

La Sunass sigue los planes de remuneración de los dos regímenes de empleo mencionados. Su personal no califica para recibir una remuneración basada en el desempeño. Cualquier cambio en las bandas salariales en un régimen específico de remuneración requiere la aprobación del Ministerio de Economía y Finanzas y debe cumplir con la Ley de Presupuesto y Equilibrio Presupuestario. Sin embargo, el reglamento interno de la Sunass sí otorga al personal algunos beneficios adicionales, como darle el día libre al funcionario en su cumpleaños.

Los sueldos de la Sunass se consideran competitivos en comparación con los de las empresas reguladas del sector del agua y el saneamiento. Sin embargo, según la Sunass, sus sueldos son, en promedio, más bajos que los de otros reguladores de Perú. La Sunass no lleva un registro de las brechas salariales de cargos comparables en el sector regulado.

Formación y retención del talento

La Sunass cuenta con un Plan de Desarrollo de las Personas (PDP) basado en las necesidades de formación expresadas por los equipos del organismo y coincidente con los objetivos estratégicos institucionales. En el caso de los cargos técnicos, como los estudios tarifarios, los nuevos empleados tardan de dos a tres años en promedio para conseguir elaborar un estudio tarifario de forma autónoma. Sus competencias se desarrollan sobre todo mediante la formación en el trabajo y el apoyo del equipo.

La rotación de personal parece relativamente alta, con un promedio de 17% anual entre 2017 y 2020 (Cuadro 3.11). Sin embargo, de acuerdo con varias partes interesadas, la rotación de la Sunass es menor que la de los ministerios, dado que el personal del órgano regulador está más protegido de los cambios políticos que el Ejecutivo. Encuestas informales de salida realizadas por la oficina de recursos humanos de la Sunass indican que el personal que sale tiende a trasladarse al Poder Ejecutivo, bien sea a la PCM o a otros ministerios. Puede ser difícil retener el talento, pues el desarrollo profesional suele ser lento. En la actualidad no se dispone de una estrategia o de directrices para dicha retención.

Cuadro 3.11. Rotación del personal, 2017-2020

	2017	2018	2019	2020
Porcentaje de rotación	18	20	18	13

Fuente: Información proporcionada por Sunass, 2021.

Evaluación del desempeño

En 2021, la Sunass puso en marcha por primera vez un sistema de evaluación del desempeño, el cual sigue las directrices y los criterios establecidos por la SERVIR. De conformidad con estas directrices, los funcionarios superiores llevan a cabo esta evaluación. No se solicita la retroalimentación de otras personas, aparte de los supervisores o gerentes del personal, como clientes o asociados externos. No se invita al personal a opinar de forma sistemática acerca del desempeño de sus supervisores y gerentes, aunque las directrices de SERVIR contemplan esta posibilidad. Los resultados de la primera evaluación del desempeño del personal estarán disponibles a finales de 2021 o principios de 2022.

Organización y gestión interna

La Sunass, cuya sede se encuentra en Lima, tiene 24 Oficinas Descentralizadas (ODS), una en cada región del país, excepto la de Ancash, que cuenta con dos ODS.

La estructura interna de la Sunass (Gráfica 3.2) se define en su ROF, el cual se actualizó en 2019 (mediante el Decreto Supremo núm. 145-2019-PCM en su primera sección y la Resolución Presidencial núm. 040-2019-SUNASS-PCD en su segunda sección) para adaptarse a sus nuevas funciones. Cualquier cambio en la estructura interna del órgano regulador debe ser aprobado por la PCM. Ante la reticencia de esta a crear nuevos equipos, según informa la Sunass, el regulador ha operado dentro de tales limitaciones y, en ocasiones, ha creado equipos funcionales en el seno de las Direcciones (es decir, en el nivel donde la Sunass puede realizar cambios).

Dirección

La Sunass cuenta con tres órganos de alta dirección: el Consejo Directivo, la Presidencia Ejecutiva y la Gerencia General. En el ROF se define la función de cada uno de estos órganos.

- Consejo Directivo: el máximo órgano de gobierno de la Sunass, se encarga de establecer los objetivos, la política institucional y la adopción de resoluciones regulatorias. Interactúa con el Presidente Ejecutivo, la Gerencia General y los diferentes órganos administrativos de la Sunass en lo referente a la aprobación de iniciativas o documentos.
- Presidencia Ejecutiva: la máxima autoridad ejecutiva de la Sunass, se encarga de supervisar la ejecución de las resoluciones del Consejo Directivo. Es la cabeza de la entidad y ejerce las funciones de gestión y representación de la SUNASS. Interactúa con el Consejo Directivo, la Gerencia General y las diferentes unidades administrativas del organismo, en lo referente a la

revisión de las iniciativas o documentos para su aprobación por parte del Consejo de Administración. En la Presidencia Ejecutiva trabajan cinco funcionarios.

- Gerencia General: la máxima autoridad administrativa de la Sunass, es responsable de la gestión administrativa y operativa de la Superintendencia por parte de los órganos de administración internos y competentes, así como del cumplimiento de las resoluciones del Consejo Directivo y la Presidencia Ejecutiva. Se desempeña como Secretaría Técnica del Consejo Directivo. Interactúa con este, con la Presidencia Ejecutiva y los diferentes órganos de la Sunass, en la revisión y la presentación de iniciativas o documentos para su aprobación por parte de dicha Presidencia y del Consejo. Asimismo, gestiona a los diferentes órganos bajo su responsabilidad —cinco Oficinas y seis Direcciones—, al dirigir y supervisar la gestión administrativa y operativa de Sunass. Además, representa a la Sunass en los procedimientos judiciales. En la Gerencia General trabajan cinco personas.

En total, la Sunass cuenta con 46 directivos en todos los niveles organizacionales, desde el de la Presidencia Ejecutiva a los jefes de oficina o dirección, hasta los jefes de unidad. El Consejo Directivo reúne a 18 directivos y su objetivo es contribuir a la interacción y coordinación entre oficinas y direcciones.

Gráfica 3.2. Estructura organizacional de Sunass

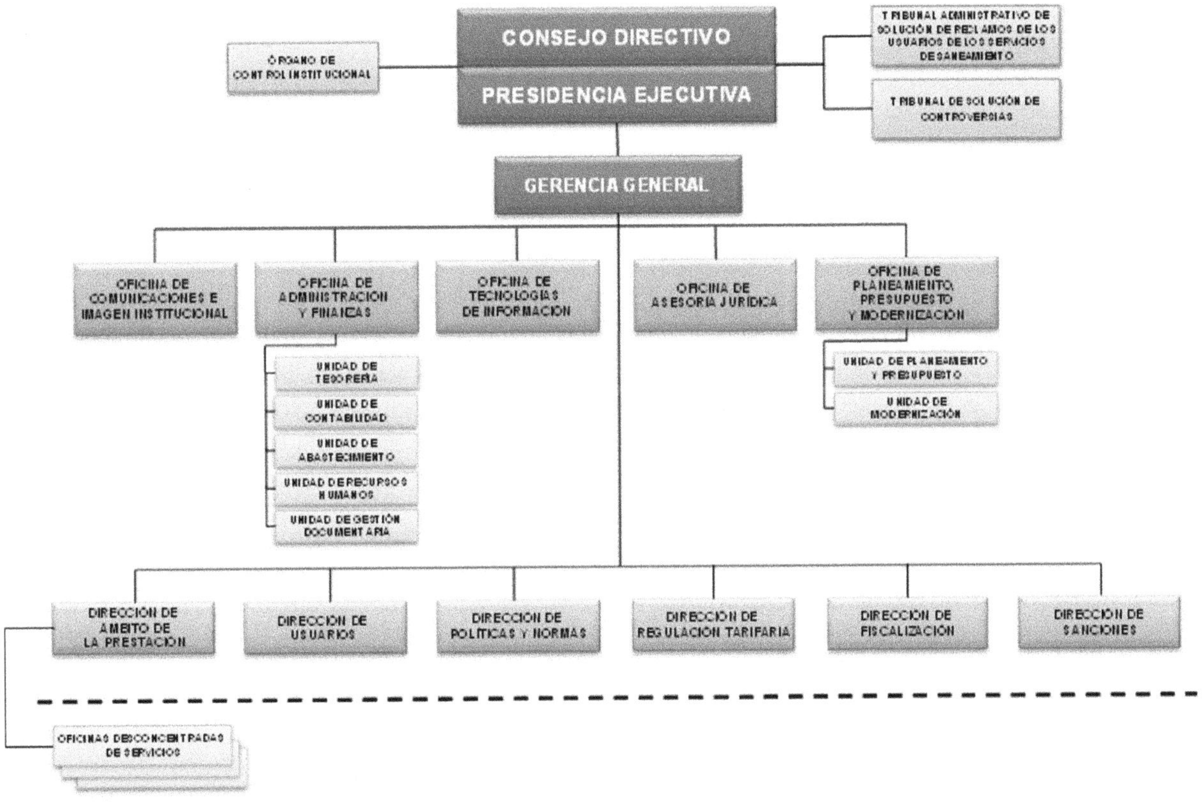

Fuente: Información proporcionada por Sunass, 2021.

Equipos

En el ROF se describen las responsabilidades de cada unidad administrativa.

- La Dirección de Políticas y Normas (DPN, con 22 funcionarios) se encarga de elaborar las regulaciones o normas de la Sunass, realizar análisis de impacto regulatorio y llevar a cabo estudios e investigaciones dirigidas a reforzar el sistema regulatorio.
- La Dirección de Regulación Tarifaria (DRT, con 36 funcionarios) es responsable de evaluar y proponer cada cinco años las tarifas, los precios y la calidad de los servicios de saneamiento prestados por los 50 prestadores de servicios urbanos. La DRT también determina los objetivos de gestión de cada servicio.
- La Dirección de Ámbito de la Prestación (DAP, con 313 funcionarios) está a cargo de determinar las zonas de prestación de servicios de saneamiento (tanto la zona actual como la potencial que las EPS deben atender). Por otra parte, el equipo proporciona asistencia técnica a las EPS sobre la incorporación de la gestión de riesgos de desastres y la adaptación al cambio climático, y brinda asesoría sobre la estimación de los MERESE que las EPS proponen incorporar en las tarifas. La DAP también supervisa las oficinas descentralizadas. La DAP ha impartido capacitación a los funcionarios de las oficinas descentralizadas para que desempeñen varias funciones (por ejemplo, asistencia técnica, trabajo de campo requerido para determinar las áreas donde se prestarán los servicios).
- La Dirección de Fiscalización (DF, con 45 funcionarios) se encarga de verificar el cumplimiento de las obligaciones legales, contractuales o técnicas por parte de los prestadores de servicios de saneamiento.
- La Dirección de Sanciones (DS, con cinco funcionarios) se encarga de evaluar, detectar e imponer sanciones a las empresas (prestadores de servicios de saneamiento, así como a los directores y gerentes de las empresas que prestan servicios de saneamiento) en caso de incumplimiento de las obligaciones legales y técnicas o de las resoluciones de la Sunass. Se creó en 2019 como parte de la nueva estructura organizacional.
- La Dirección de Usuarios (DU, con 33 funcionarios) se encarga de apoyar y orientar a los usuarios de los servicios de saneamiento, así como de coordinar los procesos de participación de las partes interesadas.
- La Oficina de Planificación, Presupuesto y Modernización (OPPM, con 17 funcionarios) es el órgano asesor responsable de los procesos de planificación estratégica, elaboración de presupuestos, inversión, modernización y cooperación internacional. La Oficina define indicadores de gestión para vigilar y evaluar planes y políticas institucionales. Coordina la planificación, ejecución y evaluación presupuestarias, y elabora el informe anual del regulador. La unidad de modernización es responsable de diversas iniciativas, como la simplificación administrativa, la gestión de procesos, los estándares de calidad, la gestión del conocimiento, la mejora continua y la estructura organizacional. El equipo de cooperación internacional se encarga de las negociaciones internacionales con los socios de Sunass para concluir acuerdos, proyectos y actividades.
- La Oficina de Asesoría Jurídica (OAJ, con nueve funcionarios) es el órgano asesor responsable de emitir resoluciones y asesorar a la alta dirección y a las unidades en asuntos de carácter legal. Brinda asesoramiento jurídico sobre temas regulatorios (por ejemplo, revisa los contratos de APP para preparar la opinión institucional de Sunass), así como sobre asuntos internos (por ejemplo, revisar los contratos celebrados por la Sunass, garantizar la conformidad legal de las resoluciones del Consejo Directivo, responder a las solicitudes de libertad de información).
- La Oficina de Comunicaciones e Imagen Institucional (OCII, con 15 funcionarios) es el órgano asesor responsable de la comunicación estratégica y las relaciones con los medios.
- La Oficina de Administración y Finanzas (OAF, con 68 funcionarios) se divide en cinco equipos encargados de la contabilidad, tesorería, contratación pública, recursos humanos y gestión documental.

- La Oficina de Tecnologías de Información (OTI, con 24 funcionarios) es responsable de la infraestructura de TI, la gobernanza, la gestión de la información y la cooperación con otras organizaciones del sector en iniciativas comunes.
- El Tribunal Administrativo de Solución de Reclamos de los Usuarios de los Servicios de Saneamiento (TRASS, con 42 funcionarios) es el órgano técnico autónomo encargado de la adopción de resoluciones de la Sunass respecto de los reclamos de carácter comercial y operativo entre usuarios y prestadores de servicios. Cuenta con una Secretaría Técnica responsable de brindar soporte técnico jurídico y administrativo.
- El Órgano de Control Institucional (OCI, con cuatro funcionarios) es parte de la CGR, máxima autoridad del SNC, que supervisa, sigue y verifica la correcta aplicación de las políticas públicas, así como el uso de los recursos del Estado y del patrimonio. El propósito del OCI es supervisar el gasto y la gestión transparente de los recursos en el regulador. El OCI es responsable de auditar todo el gasto público; por ejemplo, al vigilar el procedimiento y el proceso de evaluación relacionados con contratos, compras públicas y otros servicios.

Oficinas descentralizadas

Las 24 ODS se establecieron en 2017. La mayoría de estas oficinas tienen una estructura estándar de 11 personas: un jefe de oficina, dos funcionarios a cargo de la supervisión (en algunas oficinas puede haber de tres a cinco de ellos), un jefe de gestión ambiental, un gerente de asuntos sociales, un analista económico, un asistente administrativo, un funcionario de comunicaciones, dos consejeros y un conductor[13]. Sunass encontró que quizá sea necesario cambiar esta estructura dada la heterogeneidad de las regiones y sus diferentes requerimientos.

La Sunass sigue una estrategia de descentralización progresiva de funciones hacia las ODS. A partir de 2021, las oficinas descentralizadas son responsables de la supervisión, el cumplimiento, la determinación del área de prestación de servicios (en coordinación con la DAP en las oficinas centrales) y la participación de los usuarios. En 2022, el regulador deberá decidir qué otras funciones se descentralizarán. El foco de interés de su trabajo ha cambiado en los cuatro años transcurridos desde su establecimiento. Originalmente, la labor se dirigió a la regulación de tarifas (cálculo y aplicación de la "tarifa familiar" en las zonas rurales) y la supervisión, y ahora las oficinas se centran más en las fiscalizaciones.

Las ODS dependen de la DAP. Si bien esta dependencia es jerárquica y funcional, las oficinas también dependen de la Dirección de Fiscalización y de la DU, quienes emiten directrices a las ODS respecto de la manera de realizar sus funciones. Toda la comunicación entre las ODS y las oficinas centrales se canaliza a través del Jefe de Oficina. La Sunass se encuentra en proceso de desarrollar competencias dentro de las ODS y estas requieren un fuerte apoyo y orientación por parte de las direcciones de las oficinas centrales.

Las 24 ODS están organizadas en cuatro macrorregiones para apoyar en la estandarización de los procesos administrativos y canalizar las solicitudes desde las oficinas centrales. Cada ODS puede comunicar sus necesidades directamente a la DAP o a su macrorregión. Una vez a la semana se celebra una reunión de todas las ODS y la alta dirección. Además, en reuniones especiales de las direcciones de las oficinas centrales se analiza lo que se requiere de las oficinas descentralizadas.

Proceso

Organismo rector y adopción de resoluciones

La Sunass tiene un Consejo Directivo con cinco funcionarios. El Consejo es representado de tiempo completo por el Presidente Ejecutivo. El Presidente Ejecutivo ejerce funciones ejecutivas y administrativas, vela por la puesta en marcha de las resoluciones del Consejo Directivo, y presenta informes en nombre del regulador a la PCM y al MEF. Los otros cuatro miembros del Consejo ejercen sus funciones a tiempo parcial. Los miembros reciben una remuneración de cerca de 1 500 PEN (320 EUR) por sesión del Consejo, pero las reuniones extraordinarias no son remuneradas. Los miembros pueden ser empleados de otras instituciones públicas pertenecientes al sector del agua.

Selección del Consejo

La Ley Marco núm. 27332 establece los requisitos para ser miembro del Consejo Directivo. Cada miembro deberá:

- Ser un profesional con no menos de 10 años de práctica.
- Tener solvencia e idoneidad profesionales reconocidas, que se definen como tres años de experiencia por lo menos en un cargo de dirección ejecutiva (es decir, con autoridad para adoptar resoluciones en empresas públicas o privadas), o cinco años de experiencia en asuntos pertinentes para la jurisdicción de la agencia reguladora.
- Haber finalizado una maestría en materias relacionadas con la actividad dentro de la competencia del organismo regulador.

El proceso de selección (regulado por el Decreto Supremo núm. 103-2012-PCM) se realiza mediante concurso público gestionado por un Comité de Selección conformado por los miembros siguientes:

- Dos vocales propuestos por la PCM, uno de los cuales preside y tiene voto de calidad
- Un miembro propuesto por el MEF
- Un miembro propuesto por el MVCS

Al finalizar la etapa de evaluación, el Comité de Selección presenta al Presidente del Consejo de Ministros la lista de candidatos seleccionados (no más de tres) por cada miembro del Consejo Directivo. El Presidente de la República elige entre los candidatos de la lista presentada por la PCM. Si el Presidente no está de acuerdo con dicha lista, podrá solicitar un nuevo trámite. El proceso de selección puede ser largo y provocar que durante cierto tiempo haya puestos vacantes en el Consejo.

Asimismo, el Presidente Ejecutivo también debe presentar un examen escrito, fijado por la PCM y diseñado por una universidad, como parte de su proceso de selección.

Los miembros del Consejo son nombrados para un periodo de cinco años mediante Decreto Supremo firmado por el Presidente de la República y refrendado por el Presidente del Consejo de Ministros. Los miembros del Consejo pueden presentarse a un nuevo concurso y ser reelegidos una vez que finalice su mandato inicial.

Los mandatos de los miembros del Consejo son escalonados: cada año cesa el mandato de un miembro de este y se nombra a uno nuevo. Los plazos del Consejo se calculan a partir de la expiración del mandato del miembro anterior, independientemente de cuándo se designe al nuevo. Por consiguiente, si un miembro es elegido de manera retrasada, no cumplirá los cinco años completos, sino que completará el tiempo restante.

Dado el carácter de tiempo parcial de la función, los miembros del Consejo pueden trabajar en otros sitios, incluso en otras organizaciones que participen en el sector de servicios de agua y saneamiento, aunque quizá no puedan trabajar para empresas de saneamiento (entidades reguladas) durante su mandato o un año antes de asumir el cargo.

Para mitigar posibles conflictos de interés, el Reglamento General de Sunass presentado en el Decreto Supremo núm. 017-2001-PCM estipula que el Consejo Directivo deberá presentar una Declaración Jurada de Intereses al inicio y al final de su mandato y cada año. Por su parte, la Ley núm. 27588 establece prohibiciones e incompatibilidades de funcionarios públicos, servidores públicos y personas que prestan servicios al Estado. El Comité de Selección decide si algún conflicto de intereses impediría que un candidato ocupara un cargo en el Consejo.

Adopción de resoluciones por parte del Consejo Directivo

De acuerdo con el ROF, el Consejo tiene la responsabilidad de:

Establecer la dirección estratégica de Sunass (aprueba el plan estratégico y el presupuesto).

- Adoptar resoluciones y emprender acciones regulatorias (autoridad exclusiva del Consejo, sin delegación de la adopción de resoluciones regulatorias).
- Vigilar el desempeño.
- Aprobar el informe anual.
- Aprobar las políticas internas.
- Garantizar el cumplimiento de la ley y de las constituciones y políticas de la organización.
- Revisar apelaciones.
- Nombrar a los miembros del Tribunal de Solución de Controversias (TSC) y aprobar a los miembros del TRASS.

El Consejo se reúne dos veces al mes para analizar los asuntos que se someten a su resolución. El plan operativo anual determina el número de resoluciones regulatorias y tarifarias programadas para el año siguiente, lo cual otorga visibilidad a los miembros del Consejo. No obstante, es posible convocar a reuniones extraordinarias si las dos reuniones mensuales del Consejo Directivo no bastan para adoptar resoluciones dentro de los plazos establecidos (por ejemplo, para emitir una opinión sobre un contrato de concesión). Las reuniones extraordinarias se convocan en promedio cada dos meses.

Las resoluciones se toman de forma colectiva. Los miembros llegan a un consenso sobre la mayoría de las resoluciones, muy pocas se someten a votación. En caso de empate, el Presidente Ejecutivo tiene voto de calidad. No hay mandato diferenciado ni división del trabajo entre los miembros del Consejo. Las regulaciones que rigen la adopción de resoluciones por parte del Consejo no se codifican en un manual o directrices operativos.

Según el ROF, la Gerencia General de Sunass actúa como Secretaría Técnica del Consejo Directivo. Todas las propuestas regulatorias y demás documentación elaboradas por las direcciones técnicas para el Consejo Directivo se presentan a la Gerencia General antes de entregarlas al Presidente Ejecutivo y luego al Consejo Directivo. La Gerencia General preside las reuniones "previas a la reunión del Consejo" con el fin de resolver cualquier controversia entre las diferentes direcciones y recopilar opiniones de otras sobre las propuestas. El OAJ brinda asesoría legal al Consejo y emite opiniones sobre los aspectos jurídicos de todas las propuestas regulatorias presentadas al Consejo. La Gerencia General se encarga también de asegurar la correcta implementación de las resoluciones del Consejo.

El Consejo toma resoluciones con base en la información preparada por las direcciones de la Sunass. El Consejo recibe el orden del día y los documentos de respaldo tres días antes de la reunión y durante esta ya no puede presentarse nueva información. En dichas reuniones, el Consejo interactúa con el equipo técnico de las direcciones y un representante del mismo expone y explica la propuesta. Rara vez el Consejo rechaza una propuesta regulatoria o tarifaria. Sin embargo, ocasionalmente requiere que las direcciones amplíen sus informes, aporten nuevos datos o evalúen aspectos adicionales de las propuestas.

Las resoluciones del Consejo se publican en el Diario Oficial (El Peruano) y en el sitio web. La información que el Consejo utiliza para tomar la resolución también se divulga en el sitio web una vez que esta se ha publicado. Las opiniones de Sunass sobre los contratos de concesión a veces se publican, pero no de forma sistemática, en el sitio web[14].

Por lo general las propuestas de cambios regulatorios son impulsadas por las direcciones de la Sunass que plantean sus inquietudes sobre regulaciones específicas.

Herramientas de calidad regulatoria

Evaluaciones ex ante *y revisiones* ex post

La Sunass ha recibido asistencia técnica de la Organización para la Cooperación y el Desarrollo Económicos (OCDE) sobre la implementación del Análisis de Impacto Regulatorio (AIR) para homologarse con las mejores prácticas internacionales que ha dado lugar a nuevas directrices internas para el AIR aprobadas en 2021. Antes de esto, la evaluación del regulador del proyecto de regulación se basaba principalmente de un enfoque limitado del análisis de costo-beneficio y no había ningún requisito de proporcionalidad para adaptar el nivel de la evaluación a los posibles impactos de la nueva regulación. La evaluación y la propuesta de regulación se enviaban periódicamente, pero no de forma sistemática, a otros directivos de la Sunass para que hicieran sus comentarios, antes de presentarlos a la Dirección General y luego al Consejo Directivo para su aprobación.

De conformidad con las nuevas directrices internas para el AIR, la DPN será responsable de realizar evaluaciones ex ante para cada propuesta regulatoria. Con el nuevo sistema previsto, el análisis ex ante se centrará principalmente en los costes y beneficios de la normativa propuesta, incorporando criterios cuantitativos y cualitativos. La metodología permite al regulador considerar alternativas a la regulación (incluida la no regulación) durante el diseño de los regulaciones.

Actualmente no hay un organismo responsable de comprobar la calidad de las evaluaciones ex ante.

El regulador no lleva a cabo revisiones *ex post* de las regulaciones que emite.

Fiscalización y cumplimiento

La Sunass aplica diferentes métodos de control y cumplimiento, según el tipo de prestador de servicios.

Marco legal

La Ley General de Procedimiento Administrativo establece las obligaciones y derechos de las partes involucradas en materia de fiscalización y sanción. Además, dos reglamentos más establecen los derechos y obligaciones de las partes involucradas y contienen principios que guían el ejercicio de la función de fiscalización:

- El Reglamento General de Supervisión, Fiscalización y Sanción de las Empresas Prestadoras de Servicios Sanitarios establece las obligaciones y derechos de las partes involucradas (Empresas Prestadoras, Gerentes y Directores) para las EPS urbanas.
- El Reglamento de Fiscalización de los Servicios de Saneamiento brindados por Organizaciones Comunales establece las obligaciones y derechos de las partes involucradas (Organizaciones Comunales y Unidades de Gestión Municipal) para las zonas rurales.
- Se está elaborando la regulación para la supervisión de los prestadores de servicios en las ciudades pequeñas.

Prestadoras de servicios en zonas urbanas (EP)

De acuerdo con la Ley Marco núm. 1280, la Sunass fiscaliza y tiene facultades para sancionar a los prestadores de servicios de agua y saneamiento en zonas urbanas. En particular, la Superintendencia fiscaliza lo siguiente:

- Buen gobierno corporativo: incluye el cumplimiento de las normas del Código de Buen Gobierno Corporativo, el cumplimiento de los estatutos, la transformación corporativa, el procedimiento para el nombramiento de gerentes generales y directores, entre otros. Se trata de un tema relativamente nuevo por fiscalizar (presentando en la Ley Marco núm. 1280).
- Aspectos comerciales: incluye el procedimiento de acceso al servicio, aplicación de la estructura tarifaria, precios de servicios secundarios, modalidad de facturación, contenido de los recibos, control de calidad de facturación, medidores, cierre y reapertura, atención de reclamos de los usuarios de los servicios de saneamiento, modalidades de atención remota por estado de emergencia nacional por COVID-19, atención de apelaciones y atención de problemas comerciales en general.
- Aspectos técnico-operativos: fiscalización de procesos de tratamiento de aguas residuales, cumplimiento de las regulaciones de Valores Máximos Permisibles (MAV) para aguas residuales no domésticas, cumplimiento de programas de mantenimiento del sistema de alcantarillado (redes, colectores, estaciones de bombeo), aplicación de metodología de cálculo de presión y continuidad del servicio.
- Reclamos contra los prestadores de servicios según su ámbito de competencia (relacionados con la prestación de servicios de saneamiento y buen gobierno corporativo).
- Control de procesos de tratamiento de agua potable, confiabilidad operativa, programa de limpieza y mantenimiento de reservorios, planta de tratamiento de agua potable, frecuencia de muestreo cuando corresponda (si la empresa prestadora ya cuenta con un Plan de Control de Calidad del Agua, PCC, la autoridad es responsable de supervisar la frecuencia de muestreo).
- Cumplimiento de las metas de gestión establecidas en los estudios tarifarios.
- Establecimiento y uso del fondo de inversión y reservas para Pagos por Servicios Ecosistémicos (PSE), Gestión del Riesgo de Desastres (GRD), Medidas de Adaptación al Cambio Climático (ACC), el PCC, programa de adecuación sanitaria (PAS), según se asienta en el estudio tarifario elaborado por la Dirección de Regulación Tarifaria.
- Contratos de APP según lo establecido en el contrato y dentro del ámbito de competencia de Sunass[15].
- Supervisión de Directores y Gerentes: requisitos e impedimentos para ocupar el cargo de Presidente Ejecutivo; requisitos e impedimentos para el desempeño del cargo de Director, y cumplimiento de las obligaciones de la Ley Marco por parte de directores y gerentes.

Prestadores de servicio en zonas rurales

La Sunass optó por no sancionar a los prestadores de servicio en las zonas rurales durante un periodo inicial de dos años, después del cual se reevaluará este método. El reglamento estipula que el método de fiscalización consiste en supervisar y proporcionar orientación y recomendaciones en lugar de sanciones. El regulador intenta crear incentivos para que los prestadores cumplan por medio de la evaluación comparativa de prestadores, el intercambio de información sobre buenas prácticas entre pares y un sistema que reconozca los "esfuerzos para mejorar" más que el cumplimiento. Además, cerca del 50% de los prestadores de servicios son informales y, por ende, no están sujetos a las facultades de sanción de la Sunass. En zonas rurales, la Sunass fiscaliza los siguientes aspectos: acceso, monitoreo de calidad, control del proceso de tratamiento de agua (cloración), confiabilidad operativa, monitoreo del proceso de disposición de aguas residuales, aplicación de la metodología para calcular la tarifa domiciliaria, cobranza, registro de información, cierres y reaperturas, según lo establecido en el Reglamento de Calidad de la Prestación de los Servicios de Saneamiento.

La fiscalización está a cargo de las oficinas descentralizadas de Sunass o las ATM de los gobiernos municipales. Las ATM informan que necesitan visitar con frecuencia las JASS u organizaciones comunales debido a las altas tasas de incumplimiento registradas. Por ejemplo, a menudo el agua no se trata y la JASS no corta el suministro en casos de impago. Las organizaciones comunales formales tienen un plazo de dos años para cumplir con los requisitos de acceso, cierres y reaperturas y cobranza. A las organizaciones comunales informales se les plantean recomendaciones.

Como parte del proceso de monitoreo, la Sunass identifica las buenas prácticas adoptadas por las organizaciones comunales sobre temas específicos (desde 2018 el del tratamiento del agua). Estas buenas prácticas se promueven en seminarios regionales celebrados con otras organizaciones comunales.

El proceso de fiscalización y orientación a prestadores de servicios en zonas rurales estará vigente hasta mayo de 2022, momento en que se evaluará en el marco del Reglamento de Fiscalización de los Servicios de Saneamiento brindados por Organizaciones Comunales y se decidirá si continuar o no con este enfoque.

Prestadores de servicios en ciudades pequeñas

La regulación de la tercera categoría de proveedores de servicios -los que tienen su sede en ciudades pequeñas- estaba en proceso de elaboración en el momento de redactar este informe y su aprobación definitiva está prevista para finales de 2021. La propuesta no sugiere sancionar a los prestadores en caso de incumplimiento.

Planificación de la fiscalización

La Sunass realizó 503 fiscalizaciones de EPS en 2020, 111 de las cuales se debieron a reclamos de los usuarios sobre aspectos operativos (Cuadro 3.12). El regulador da seguimiento a todos los reclamos. Si la Sunass determina que el reclamo fue atendido por la empresa prestadora, se concluye el trámite y se informa al usuario. Si, por otra parte, concluye que el reclamo no fue atendido, se inicia una fiscalización y se informa al denunciante de los resultados. Llevar a cabo una fiscalización después de un reclamo puede tomar cierto tiempo. Por ejemplo, de las 111 fiscalizaciones realizadas en 2020 por reclamos, algunas se relacionaban con reclamos presentados en 2018 y 2019. Sunass informa que los incumplimientos detectados con frecuencia están relacionados con el control de los procesos de tratamiento, los aspectos operativos y la calidad de la facturación.

Las ODS empezaron a realizar fiscalizaciones como respuesta a los reclamos en junio de 2020. Previamente, la Dirección de Fiscalización realizaba todas las fiscalizaciones.

Cuadro 3.12. Fiscalizaciones, 2020

	Total
Número total de fiscalizaciones	503
Fiscalizaciones debidas a reclamos	111
Fiscalizaciones planificadas (a iniciativa de la SUNASS)	392
Medidas correctivas (infracciones)	364 (68 reportes)
Medidas correctivas implementadas	109 (18 reportes)
Medidas correctivas no implementadas (principio de los procedimientos de sanción)	255 (50 reportes)

Fuente: Información proporcionada por Sunass, 2021.

Se incluye un plan de fiscalización anual como parte del POI de Sunass. Para establecer el plan de fiscalización, la Superintendencia toma en cuenta varias piezas de información y datos, como los siguientes:

- Desempeño de los prestadores en el año anterior (indicadores de gestión de la calidad del servicio en el caso de las EPS; evaluación de las ATM de la gestión de los prestadores de servicios en zonas rurales)
- Si se implementaron las medidas correctivas impuestas (para las EPS) o las recomendaciones brindadas (para zonas rurales y ciudades pequeñas) el año anterior
- (Solo para EPS) Reclamos recibidos y acciones consecuentes por parte de las EPS.

Con base en esta información, se practica un análisis de fortalezas, oportunidades y amenazas con el fin de identificar posibles riesgos. Se califican estos y se establece el tipo de acciones de fiscalización necesarias para mitigarlos. Finalmente, el plan toma en cuenta el límite presupuestario asignado y los recursos disponibles.

Las ODS definen su propio programa de fiscalizaciones, el cual es incorporado por la Dirección de Fiscalización en el plan general de fiscalización propuesto que después se enviará al Consejo para su aprobación como parte del POI. Una vez aprobado el POI, el Gerente General da su visto bueno al plan de fiscalización anual.

Las ODS de Sunass ponen en marcha el plan de fiscalización anual con la supervisión de las oficinas centrales. Cada ODS tiene al menos un funcionario de fiscalización. A las ODS les resulta muy útil la experiencia en fiscalización y sanción en Lima. La Dirección de Fiscalización no tiene acceso a la información completa sobre las fiscalizaciones que poseen las ODS.

Algunas entidades reguladas todavía son fiscalizadas directamente por la Dirección de Fiscalización en las oficinas centrales, en particular en aquellos casos en los que no es necesario hacerlo en el sitio o en el lugar donde los expedientes se abrieron antes de que se establecieran las ODS.

Los resultados de las fiscalizaciones se comparten con el prestador de servicios. No se publican en el sitio web de la Sunass, aunque cualquier interesado puede solicitar consultar un informe de fiscalización.

La tasa de incumplimiento de las medidas correctivas impuestas es relativamente alta, del 60 al 70%. Además, la pandemia expuso varias irregularidades con las EPS (por ejemplo, estudios tarifarios no actualizados, falta de fondos de inversión) que sugieren altas tasas de incumplimiento de las regulaciones de la Superintendencia.

Con el fin de verificar su validez, la Dirección de Fiscalización realiza una auditoría *ex post* de sus resoluciones dos veces al año[16]. En la actualidad la Sunass no revisa los aspectos de fiscalización y sanción durante la formulación de nuevas regulaciones.

En un informe del OCI de 2020 se demostró la capacidad insuficiente de la Dirección de Fiscalización de Sunass para desempeñar cabo todas sus funciones.

Coordinación operativa

Varias otras autoridades del sector tienen responsabilidades de fiscalización y sanción:

- La Autoridad Sanitaria vigila la calidad del agua potable[17] (cumplimiento de los Límites Máximos Permisibles, LMP) y la Sunass supervisa el monitoreo del proceso de tratamiento de agua por parte de las EPS (es decir, no monitorea la calidad del agua en las redes de distribución, tarea a cargo de la autoridad sanitaria).
- Si una empresa tiene un PCC, la autoridad sanitaria fiscaliza la frecuencia de las pruebas del agua; si aún no cuenta con un PCC, Sunass es la que vigila dicha frecuencia[18]. El PCC incluye los parámetros que se monitorearán, los puntos de monitoreo en los sistemas de abastecimiento de agua para consumo humano y la frecuencia. Diecisiete de las 50 EPS tienen un PCC.

- En cuanto al tratamiento de aguas residuales, la Sunass fiscaliza el seguimiento de los procesos de tratamiento por parte de las EPS. La DGAA del MVCS vigila el cumplimiento del LMP de descargas, en consonancia con su función en la entidad de control ambiental de los servicios de saneamiento (en el marco de la Ley núm. 29325, Ley del Sistema Nacional de Evaluación y Fiscalización Ambiental).
- El MINAM supervisa el cumplimiento de los estándares de calidad ambiental en cuerpos de agua (ríos, lagos, etcétera).
- La Autoridad Nacional del Agua (ANA) expide autorizaciones para descarga de aguas residuales y tratamiento de agua potable.

En un informe de la OCDE realizado en 2020 sobre el Organismo de Evaluación y Fiscalización Ambiental del Perú (OEFA), se señaló la necesidad de que el OEFA reforzara su labor de coordinación, esclareciera su distribución de mandatos y tareas, y sistematizara más su intercambio de datos entre instituciones (OECD, 2020[3]).

Sanción

La Dirección de Sanciones emite las resoluciones de sanción, sin la participación del Consejo Directivo. Las entidades reguladas tienen un plazo de hasta 15 días hábiles para apelar una sanción. Las resoluciones de sanciones se publican en el sitio web.

La Sunass puede presentar advertencias escritas, aplicar multas y expedir órdenes de remoción a directores y gerentes de las empresas de servicios públicos. Según el tipo de incumplimiento, el Reglamento General de Supervisión, Fiscalización y Sanción de las Empresas Prestadoras de Servicios Sanitarios especifica si debe aplicarse una advertencia por escrito o una multa. El monto de esta última varía según el tipo de empresa prestadora, las particularidades del incumplimiento y los costos evadidos o aplazados. Asimismo, dicho monto puede reducirse hasta en 50% por pago anticipado y por admisión de irregularidades. Las multas se diferencian de acuerdo con el tipo de empresa prestadora:

- Tipo 1: hasta 15 000 conexiones totales de agua potable
- Tipo 2: de 15 001 a 150 000 conexiones totales de agua potable
- Tipo 3: De 150 001 a 1 000 000 de conexiones totales de agua potable
- Tipo 4: Más de 1 000 000 de conexiones de agua potable en total

Este régimen de sanciones se suavizó durante el estado de emergencia por la pandemia de COVID-19. Si las empresas podían demostrar que sus ingresos habían disminuido más del 20%, la multa se reemplazaba con una advertencia por escrito.

Según el regulador, las sanciones monetarias influyeron de manera limitada en cambiar el comportamiento de las empresas. La Ley Marco núm. 1280 incorporó la posibilidad de remoción de gerentes y directores, una medida que la Sunass utiliza en los casos en que los directivos no cumplen los requisitos legales para ocupar su cargo o en caso de conflicto de intereses.

Promoción del cumplimiento

La Sunass distingue entre actividades para promover el cumplimiento y actividades para hacer cumplir las leyes o estándares. Las actividades de promoción del cumplimiento en las EPS incluyen las siguientes:

- Evaluación comparativa regulatoria de las EPS (uso de indicadores; identificación y promoción de buenas prácticas; reconocimiento de buenas prácticas)
- Sesiones de orientación sobre la aplicación de las regulaciones (especialmente importante en el contexto de alta rotación de personal de las EPS)

- Seminarios sobre directrices de fiscalización del buen gobierno corporativo (se invita a representantes del MVCS y del OTASS)
- Seguimiento de las EPS: se realiza la verificación del cumplimiento regulatorio de las normativas que aún no son aplicables y se hacen recomendaciones de mejora por parte de las EPS con posible incumplimiento. La ventaja de la monitorización es que se ha podido advertir de posibles incumplimientos que la EPS puede entonces corregir

Las actividades de promoción del cumplimiento para los prestadores de servicios rurales (en su mayoría organizaciones comunales) adoptan un enfoque similar, que incluye la evaluación comparativa, la identificación e intercambio de buenas prácticas (basadas en indicadores y/u observadas durante las fiscalizaciones) y recompensas por buenas prácticas.

Interacción y transparencia del proceso de participación

Consulta a las partes interesadas

La legislación contempla la interacción entre las entidades reguladas y otras partes interesadas. La fijación de tarifas y cualquier reforma del marco regulatorio están sujetas a la consulta con las partes interesadas y requieren diferentes procesos. Sunass aún no realiza consultas públicas sobre tarifas en zonas urbanas más pequeñas (el esquema regulatorio está en desarrollo) o en zonas rurales, donde las comunidades establecen la cuota familiar.

Consulta sobre tarifas

Según el Reglamento General de Tarifas, las EPS proponen una "estructura tarifaria" y la Sunass realiza el estudio correspondiente con la formulación final de la tarifa. La Sunass presenta a las EPS un estudio tarifario preliminar que incluye una propuesta de tarifas (fórmula tarifaria y estructuras tarifarias que las EPS aplicarán), las metas de gestión y el plan de inversión de proyectos que se financiarán con estas tarifas para cada periodo regulatorio quinquenal.

La Sunass somete el estudio tarifario preliminar a la opinión pública y de las EPS mediante su publicación en el Diario Oficial (El Peruano), en su sitio web y en audiencias públicas. La Superintendencia ofrece en su sitio web resúmenes y presentaciones de los estudios en lenguaje sencillo.

Las partes interesadas pueden enviar comentarios al menos con 10 días de anterioridad a la audiencia pública y hasta cinco días hábiles después, por carta o correo electrónico, utilizando los formularios proporcionados en el sitio web del regulador.

Una vez que se publica el estudio tarifario preliminar y se fija la fecha para la audiencia pública, un comité de la DRT, la DU y la oficina descentralizada correspondiente debate sobre la propuesta, recoge los comentarios de los usuarios y emprende la tarea de responder a cualquier pregunta inicial.

Las audiencias públicas están abiertas a las EPS, autoridades locales, asociaciones profesionales, consejos de usuarios, medios de comunicación y representantes de la sociedad civil, entre otros. Su objetivo es proporcionar información sobre los retos que los servicios de agua y saneamiento afrontan, las soluciones propuestas y el impacto en las tarifas, así como recabar las opiniones de las partes interesadas. La Sunass anuncia sus audiencias públicas a través de varios canales: los medios tradicionales, su sitio web, las redes sociales, boletines informativos, correos electrónicos y los sitios web de las EPS.

Al igual que ocurre con otros reguladores económicos en Perú, la Sunass prepara una matriz que reúne los comentarios de las partes interesadas, explica en qué forma se tomaron en cuenta los comentarios o por qué no se les consideró. Esta matriz de comentarios se da a conocer en el estudio tarifario final.

Una vez que el Consejo lo aprueba, el estudio tarifario final se publica en el sitio web de Sunass, y la resolución se comunica también por medio de sus oficinas descentralizadas.

A pesar de los procesos de consulta pública, prevalece una resistencia constante a los aumentos de tarifas. En ocasiones los procesos de fijación de tarifas se ven interrumpidos por tensiones sociopolíticas. Las EPS no siempre aplican las tarifas aprobadas por la Sunass. Además, 19 de las 50 EPS no cuentan con estudios tarifarios actualizados.

En ciertas ocasiones la Sunass ha aprobado estudios tarifarios que no incorporan todos los elementos requeridos. Por ejemplo, si bien las regulaciones estipulan que los planes maestros de las EPS deben proyectar una visión a 30 años, a menudo solo cubren un horizonte de cinco años.

Interacción en las zonas rurales respecto de la cuota familiar

En las zonas rurales, los consumidores pagan una "cuota familiar" que fija la JASS. La Sunass proporciona la metodología para calcularla y ha capacitado gradualmente a las ATM y las JASS para implementarla. La JASS cambia cada dos años, lo que dificulta la continuidad de la participación. Los prestadores de servicios rurales parecen saber y entender poco de lo que la Sunass y su función son.

De acuerdo con las regulaciones de Sunass, la cuota familiar debe establecerse a un nivel que garantice que la JASS alcance la autosuficiencia. En general, el nivel de las tarifas domésticas establecidas por las JASS es insuficiente para comprar los insumos necesarios (por ejemplo, cloro para el tratamiento del agua), adquirir equipos o contratar a un operador con el fin de mantener la infraestructura (como lo requieren las regulaciones).

Consulta sobre regulaciones

Los proyectos de regulaciones también están abiertos a comentarios, aunque el organismo regulador no realiza audiencias públicas de manera sistemática para solicitar aportaciones de las partes interesadas. En primera instancia, la Sunass hace uso de la consulta pública para identificar el problema que habrá que resolver mediante la intervención del regulador. Después, la Superintendencia invita a las partes interesadas a opinar sobre las propuestas regulatorias. Todas las opiniones, junto con las respuestas de la Sunass, se publican en la matriz de comentarios disponible en el sitio web de Sunass.

Consejos de Usuarios y foros para la participación ciudadana

Los Consejos de Usuarios (CU) se definen como un mecanismo de participación de la sociedad civil orientado a mejorar la regulación de los servicios de saneamiento, y se crean para todos los reguladores peruanos siguiendo un requisito jurídico estipulado en la LMOR. La Sunass cuenta con cinco consejos de usuarios organizados por regiones. Se establece que los Consejos de Usuarios del Norte, Sur, Este y Centro deberán estar formados por cinco a seis miembros; sin embargo, el estudio reveló que en la práctica el número de miembros es menor. Los miembros son electos para periodos de dos años: uno de cada región electo entre los candidatos propuestos por universidades, asociaciones profesionales, asociaciones de consumidores y/o usuarios reconocidos por Indecopi, asociaciones empresariales y asociaciones civiles sin fines de lucro. El Consejo de Usuarios de Lima se compone de cinco miembros, cada uno de los cuales se elige entre los candidatos propuestos por cada tipo de las organizaciones mencionadas. Los miembros actuales provienen en gran parte del ámbito académico. También están representadas las cámaras de comercio y las organizaciones no gubernamentales (ONG). Uno de los consejos incluye a un miembro de una asociación de protección al consumidor.

El Consejo de Usuarios de Lima se reúne una vez al mes, y los demás lo hacen muy ocasionalmente (una o dos veces durante el periodo de dos años). Si bien las funciones del Consejo incluyen realizar eventos en los que se aborden temas regulatorios y transmitir las consultas de los usuarios sobre las regulaciones o políticas de Sunass al Consejo Directivo, en la práctica estas actividades no se llevan a cabo. Los consejos no disponen de recursos que les permitan interactuar con los consumidores o revisar propuestas regulatorias.

Cualquier propuesta, consulta y aportación de los consejos debe dirigirse al Consejo Directivo de Sunass. Las opiniones no son vinculantes. En realidad, los consejos prácticamente no remiten opiniones a Sunass. Todas las comunicaciones que se dirigen al organismo regulador se realizan por escrito y no se publican en su sitio web.

La Sunass también opera la Iniciativa ¡Participa, vecino!, supervisada por la Dirección de Usuarios. La iniciativa ofrece una plataforma informal para que grupos de usuarios organizados (juntas vecinales, juntas de propietarios de edificios, asociaciones de comerciantes, entre otros) obtengan información, dialoguen, desarrollen propuestas y ofrezcan representación en torno a diferentes aspectos vinculados con la prestación de servicios de saneamiento. En estos foros, los ciudadanos encontrarán respuesta a sus dudas sobre sus derechos y obligaciones, información sobre el servicio de saneamiento, explicación del procedimiento para presentar reclamos, entre otros temas. Además, pueden pactar con sus prestadores de servicios soluciones a los problemas que puedan surgir, como atascos y colapsos en los servicios de agua o alcantarillado, interrupciones de obras de saneamiento y más. ¡Participa, vecino! también se propone ser un foro para que la ciudadanía proponga, mediante sus Consejos de Usuarios, algunas mejoras regulatorias a la Sunass, aunque aparentemente esto no es así, ya que los consejos de usuarios no interactúan directamente con los consumidores.

En el marco de esta iniciativa y con el uso de plataformas virtuales, Sunass organiza charlas y seminarios para brindar información; microaudiencias, en las que se convoca a representantes de los usuarios afectados y funcionarios del prestador del servicio para llegar a acuerdos y solucionar las dificultades, así como actividades con miembros de los consejos de usuarios para identificar problemas y presentar propuestas regulatorias. Las microaudiencias se concibieron como un mecanismo para ayudar a los usuarios y prestadores de servicios a llegar a un acuerdo antes de hacer un reclamo oficial, o como una alternativa a ello, con lo que se ahorra tiempo y se aumenta el impacto social. La Dirección de Usuarios monitorea si las empresas cumplen con lo que se comprometieron a hacer durante la microaudiencia. Las empresas de servicios públicos no están obligadas por ley a participar pero, en general, aceptan acudir a ellas.

Para participar, se solicita que los usuarios se comuniquen con Sunass y expliquen el problema que les afecta a ellos y a sus vecinos. Más adelante, un representante de Sunass les llama para programar una reunión virtual con los principales líderes de su zona. Desde el inicio del programa ¡Participa, Vecino! en junio de 2020 hasta junio de 2021, se realizaron 343 microaudiencias y se impartieron 996 charlas y seminarios sobre temas de derechos de los usuarios, regulación de prestadores del servicio y acceso a este. A junio de 2021, más de 18 000 personas, en su mayoría líderes vecinales, han participado en estos foros. Los detalles de cada reunión (microaudiencia, seminario o charla) se publican mensualmente en el sitio web de Sunass.

Reclamos

La Sunass proporciona a los usuarios formularios de reclamos y pautas sobre el procedimiento a seguir en su website[19], a través de una línea telefónica atendida por equipos de sus oficinas descentralizadas y mediante las redes sociales.

Los usuarios deberán presentar su reclamo directamente a su prestador del servicio. Si este rechaza su reclamo dos veces, pueden apelar ante el Tribunal Administrativo de Solución de Reclamos de los Usuarios de los Servicios de Saneamiento (TRASS), el cual tiene hasta 30 días para dar su resolución; en promedio, las resoluciones se presentan en un lapso de 15 días. Para asegurar la transparencia, el proceso se digitaliza y los denunciantes pueden rastrear el avance de su expediente en línea.

Las resoluciones de TRASS se pueden apelar ante el Poder Judicial. Si bien la tasa de apelación es muy baja (1%), representa un gran número de casos (cerca de 1 300 en 2020). Los tribunales respetan las resoluciones de TRASS en más del 90% de los casos.

La información sobre el sector recopilada por TRASS en ocasiones se utiliza para dar a conocer a otras áreas las funciones de Sunass. Por ejemplo, si TRASS identifica una gran cantidad de reclamos similares, alerta a las direcciones de Fiscalización y Sanción. Además, realiza estudios con usuarios. Uno de ellos, solicitado por el Consejo, mostró que el volumen de reclamos aumentó después de las alzas de precios. En consecuencia, Sunass desarrolló una guía para los prestadores del servicio sobre cómo actuar tras dichas alzas.

En 2020, el organismo peruano de protección al consumidor, Indecopi, propuso crear una "ventanilla única" para los reclamos de los usuarios en torno a los servicios públicos, en reconocimiento a la complejidad del sistema actual, y convocó a reguladores del sector, incluida la Sunass, a participar en un grupo de trabajo técnico. para supervisar dicho sistema.

Apelaciones

Las resoluciones de Sunass sobre regulaciones, sanciones y fijación de tarifas pueden apelarse. Pueden ser impugnadas ante el Poder Judicial presentando una "demanda contencioso administrativa" dentro de los tres meses siguientes a la notificación de la resolución. Un juez de primera instancia emite una resolución, misma que también puede ser impugnada, en cuyo caso el expediente se envía al Tribunal Superior, integrado por tres jueces superiores. De nuevo, su resolución puede ser recurrida por la vía de un "recurso de casación" (bajo ciertas causales relacionadas con la no aplicación o aplicación incorrecta de la ley) ante la Corte Suprema, quien emite un fallo a través de un colegiado integrado por cinco jueces supremos.

Asimismo, es posible iniciar los siguientes procesos constitucionales:

- Acción de protección ("Amparo"): por la infracción de algunos derechos constitucionales distintos de la libertad personal. Las acciones de amparo se emprenden ante un juez de primera instancia; si la resolución es impugnada, el caso se remite a un Tribunal Superior; para oponerse a la resolución de este último, se interpone un recurso ante el Tribunal Constitucional, que es una entidad constitucionalmente autónoma.
- Acción colectiva ("Acción Popular"): se interpone directamente contra las disposiciones regulatorias dictadas por la Sunass e invocando infracciones a los derechos constitucionales. Las acciones colectivas se inician de manera directa ante un Tribunal Superior y, de presentarse una apelación a su resolución, el expediente se remite al Tribunal Supremo. La resolución de la Corte Suprema concluye el proceso.
- Procedimiento de "Acción de inconstitucionalidad": se presentan directamente contra una regulación de categoría jurídica (Ley, Decreto Legislativo) en el que se basa una prerrogativa de Sunass, invocando infracciones a los derechos constitucionales. Los procedimientos de "Acción de Inconstitucionalidad" son vistos solo por el Tribunal Constitucional, que dicta sentencia en única instancia.

Cada año se apelan relativamente pocas resoluciones de Sunass sobre regulaciones, sanciones o fijación de tarifas (Cuadro 3.13) y, según la Sunass, las gana casi todas. La mayoría son presentadas por entidades reguladas (y no por grupos de usuarios, por ejemplo). En el caso de resoluciones que implican una sanción, se presentan casos contra la Gerencia General de Sunass, ya que el Consejo no se encarga de este tipo de resoluciones.

Cuadro 3.13. Apelaciones contra resoluciones de la Sunass sobre regulaciones, sanciones y fijación de tarifas

Año	Número de resoluciones emitidas	Número de resoluciones apeladas	Estatus (resolución sostenida, rechazada o en curso)
2020	81	0	
2019	59	3	En curso
2018	69	9	1 resolución sostenida 8 en curso
2017	113	9	En curso

Nota: Las resoluciones se refieren a regulaciones emitidas, sanciones o castigos impuestos y fijación tarifaria.
Fuente: Información proporcionada por Sunass, 2021.

Por otra parte, las resoluciones del TRASS también pueden apelarse ante el Poder Judicial (consúltese la sección anterior sobre Reclamos). El 95% de los procesos judiciales contra Sunass son apelaciones a resoluciones TRASS.

Productos y resultados

Recopilación, análisis y gestión de datos

La Sunass puso en práctica dos métodos para recopilar datos sobre los prestadores de servicios, según la ubicación de que se trate.

Los 50 prestadores de servicios urbanos (EPS) envían sus datos directamente a Sunass utilizando un sistema que ha funcionado desde 2004. Los datos se utilizan para calcular las tarifas establecidas para los prestadores (empleando datos económicos, financieros, operativos y de calidad), así como para monitorear el cumplimiento de los objetivos de gestión establecidos para los prestadores de servicios (empleando datos sobre continuidad, presión, número de nuevas conexiones, tratamiento de aguas residuales, entre otros).

Los datos requeridos se detallan en el Reglamento General de Supervisión, Fiscalización y Sanción de las Empresas Prestadoras de Servicios Sanitarios[20] y las especificaciones técnicas de los datos requeridos se definen en una directiva[21]. La Dirección de Fiscalización revisa con periodicidad los requisitos para proporcionar información y datos sobre desempeño. La última revisión se realizó en 2019. Sin embargo, la inclusión de nuevos elementos, cambios discrecionales o cambios en las definiciones implica que la información recabada ya no coincide con las regulaciones vigentes.

En enero de 2019 se modificó la Ley Marco 1280 para otorgar a las unidades técnicas de las municipalidades (ATM) la responsabilidad de presentar informes a la Sunass para la supervisión y fiscalización de las organizaciones comunales. Hasta la fecha, cerca del 80% de las ATM presentan datos sobre desempeño al sistema web de las ATM. Además, como parte de sus actividades de fiscalización, la Sunass recaba información primaria de las organizaciones comunales en el campo y la incorpora en una base de datos, y también verifica la información del sistema web de las ATM, si corresponde. Dicha información sirve como base para la evaluación comparativa de las organizaciones comunales y para supervisar la calidad del servicio prestado. Al órgano regulador le es problemático garantizar cobertura nacional en la recopilación de datos, sobre todo en zonas alejadas y de difícil acceso del país. Hasta ahora, Sunass ha recogido datos de 2 000 de los 25 000 prestadores de servicios rurales por medio de sus ODS y las ATM del gobierno local.

Pese a que se recopila un gran volumen de datos, el formato en el que se publican (por ejemplo, PDF) y la falta de interoperabilidad entre los sistemas, limitan su análisis y su posible uso. Debido a la falta de automatización, el proceso para validar y limpiar los datos es largo y tomar cerca de seis meses desde que se recogen los datos hasta que se publican a manera de indicadores.

Además, la infraestructura de TI actual dificulta el intercambio y el análisis de datos en la Sunass, y el personal informa que los sistemas no pueden brindar apoyo a múltiples usuarios al mismo tiempo. En 2020, el cambio al trabajo a distancia absorbió gran parte de la capacidad del departamento de TI, lo cual desaceleró el avance en la modernización y la mejora planificadas de los sistemas. Además, las restricciones presupuestarias limitan la puesta en marcha de estrategias de TI, como la automatización, la digitalización y el cambio a sistemas basados en la nube.

En general, la calidad de los datos es deficiente debido a la incongruencia en las prácticas de gestión de datos y las restricciones de capacidad de los prestadores de servicios y otros organismos (como las ATM) a los que se requiere presentar información. En particular, se carece de datos confiables, estandarizados y oportunos. No todas las EPS reúnen la información requerida y aquellas que sí lo consiguen utilizan diferentes métodos de administración, procesamiento y almacenamiento de datos, lo que dificulta en gran medida la comparabilidad. Además, las empresas proveedoras de agua a menudo no cumplen con los plazos para entregar información y los datos, aunque se presentan a manera de declaración jurada, podrían no ser confiables. Por ejemplo, los estados financieros no se auditan, pero los datos se comparan con los presentados por las EPS a la Dirección General de Contaduría Pública. Como consecuencia de la inconsistencia y mala calidad de los datos, la Sunass tiene que recurrir con más frecuencia a las empresas proveedoras para corregir los datos presentados. La Sunass capacita al personal de la empresa proveedora de agua responsable de procesar y enviar la información; sin embargo, dada la alta rotación de personal en este tipo de empresa, la capacitación impartida suele desperdiciarse y la Superintendencia tiene que invertir periódicamente en capacitar a nuevos empleados. Más aún, en las entrevistas se informó que, puesto que las prestadoras de estos servicios son de propiedad pública, los cargos directivos o de gestión se asignan por razones políticas.

A pesar de haberse trabajado en ello, no hay un sistema integrado de recopilación e intercambio de datos entre las instituciones públicas del sector del agua y saneamiento. Los prestadores de servicios y los gobiernos regionales o locales (por ejemplo, las ATM) por lo común tienen que proporcionar los mismos datos a otras organizaciones públicas del mismo gremio. El MVCS lidera la gestión y administración del Sistema de Información de Agua y Saneamiento (SIAS), el cual se encuentra en proceso de construcción al momento que se escribió este reporte, y su Sistema de Diagnóstico sobre Abastecimiento de Agua y Saneamiento en el Ámbito Rural (DATASS), plataforma que cubre las zonas rurales, tiene como objetivo integrar información sobre saneamiento. Por separado, la Sunass desarrolló el Sistema de Captura y Transferencia de Datos (SICAP) que recopila información sobre las variables de gestión de las 50 EPS. La interoperabilidad de los sistemas y las bases de datos aún no es eficaz en todos los ámbitos. Un proyecto respaldado por el Banco Mundial pretende modernizar e integrar los sistemas de datos del sector en todos los organismos, pero los avances hasta la fecha han sido lentos.

La capacidad del regulador para obtener información de otras instituciones públicas del sector por lo general depende de las relaciones interpersonales, más que de acuerdos institucionalizados. Las solicitudes a otras instituciones se presentan a través de correo electrónico entre los equipos técnicos.

Monitoreo y presentación de informes sobre el desempeño del sector

La Sunass publica diversos informes de evaluación comparativa (benchmarking):

- Benchmarking regulatorio anual de las EPs (https://www.sunass.gob.pe/productos-sunas/benchmarking-regulatorio/#1597358923084-6a5c292e-d2ab)

- Benchmarking regulatorio anual de las organizaciones comunales (https://www.sunass.gob.pe/productos-sunas/benchmarking-regulatorio/#1597510024732-47e43535-6f08)
- Indicadores de gestión trimestrales de las EPs (https://www.sunass.gob.pe/prestadores/empresas-prestadoras/indicadores-de-gestion/#1600223711840-09ce8705-08d4)
- Reporte de indicadores de las Áreas Técnicas Municipales (http://aplicaciones.sunass.gob.pe:8080/RegistroATM/indicadoresATM.html)

La Sunass evalúa comparativamente el desempeño de las EPS en términos de acceso a los servicios, calidad del servicio, sostenibilidad y gobernanza (Cuadro 3.14). El organismo se encarga de calcular los indicadores vinculados con los prestadores del servicio y contribuye a monitorear el cumplimiento de las metas del Plan Nacional de Saneamiento utilizando sus indicadores, así como a evaluar el cumplimiento del Programa Nacional de Saneamiento Urbano. Los indicadores relativos al sector, como la cobertura de agua potable y alcantarillado en el ámbito nacional, son calculados por el Instituto Nacional de Estadística e Informática (INEI) a través de la Encuesta Nacional de Programas Presupuestales (ENAPRES) y utilizados oficialmente por el MVCS.

Cuadro 3.14. Indicadores de evaluación comparativa para los prestadores de servicios

Tipo de indicador	Área	Indicador	Unidad
Acceso	Agua potable	Cobertura de población	%
	Drenaje	Cobertura de población	%
Calidad	Agua potable	Continuidad del servicio	Horas/día
		Presión del agua	m.c.a.
		Frecuencia de reclamos	N° reclamos/1000 conexiones
		Prevalencia de fugas	Fugas/km
	Drenaje	Densidad de obstrucción	Obstrucciones/km
Sostenibilidad	Financiera	Costos del personal en el costo operativo total (*Relación de trabajo*)	%
	Prevención y mitigación	Gestión de Riesgo de Desastres	%
	Ambiental	Usuarios domésticos sin límites máximos permisibles (*Usuarios no domésticos en la aplicación de los Valores Máximos Permisibles* (VMA))	%
		Aguas residuales tratadas	%
		Conexiones activas medidas (Conexiones Activas con *Micromedidor*)	%
		Agua medida (*Micromedidor*)	%
		Agua no registrada	%
Gobernabilidad y Gobernanza, GYG	Buen gobierno corporativo	Indicador de un buen gobierno corporativo	

Fuente: Información proporcionada por Sunass, 2021.

La Sunass está actualizando el Sistema de Indicadores e Índices de la Gestión de los Prestadores de los Servicios de Saneamiento (SIIGEPSS), el cual definirá indicadores de desempeño para los tres tipos de prestadores de servicios: EPS, prestadores en ciudades pequeñas y prestadores en zonas rurales.

El portal informativo del regulador contiene varios tableros y bases de datos que cubren varias áreas de trabajo, entre ellas:

- Indicadores de desempeño de prestadores de servicios rurales.

- Datos sobre el porcentaje de agua clorada de MIDIS.
- Datos recopilados por las ATM sobre prestadores de servicios rurales.
- Estimaciones de los fondos de reserva recaudados para las pequeñas empresas de saneamiento (PES).
- Datos sobre orientación para los consumidores; campañas de sensibilización por parte de los ODS.
- Datos georreferenciados que muestran la ubicación de los prestadores de servicios y las ODS de la Sunass; número de hogares con acceso a los servicios (GeoSunass).
- Datos sobre cobertura y continuidad del servicio de la oficina nacional de estadística.

Sin embargo, muchos de los enlaces no funcionan, aunque el regulador está tomando medidas para resolver el problema. Los datos recogidos por la Sunass se publican en varios formatos, entre ellos archivos PDF, xls, páginas web y mapas.

En 2021, la Superintendencia publicó un boletín llamado "Sunass en Números" que presenta datos clave sobre el desempeño del sector, incluidas clasificaciones de los prestadores de servicios y datos sobre sanciones y consultas de los usuarios.

La Sunass está obligada a informar sobre indicadores distintos del benchmarking o evaluación comparativa de los prestadores a varias organizaciones nacionales (por ejemplo, INEI, MINAM, MVCS, PCM, INDECOPI, Congreso de la República, entre otras), y para usarse en procesos de cooperación internacional. Muchos de estos indicadores se relacionan con los Objetivos de Desarrollo Sostenible, los indicadores ambientales y el volumen de agua potable producida para calcular el PIB nacional.

Algunos datos recabados por el regulador no se publican debido a su carácter preliminar o confidencial. La Sunass solo publica datos procesados de los prestadores (es decir, indicadores, etc.), en tanto que los datos brutos reunidos se gestionan de manera interna. En cuanto a la privacidad de los datos, la Sunass pone en práctica el ISO 27001 sobre seguridad de la información y se adhiere a la Ley para la Protección de Datos Personales de Perú.

Monitoreo e informes sobre el desempeño de la Sunass

En el nivel más alto, el plan estratégico de la Sunass incluye ocho indicadores que abarcan los cinco objetivos estratégicos del regulador (Cuadro 3.15). Los indicadores de "Porcentaje de usuarios que valoran la importancia de contar con servicios de saneamiento" y "Porcentaje de usuarios que están dispuestos a pagar las tarifas establecidas" no se han monitoreado porque la situación sanitaria por la pandemia de COVID-19 impidió que la Sunass administrara las encuestas de percepción de los usuarios requeridas.

Cuadro 3.15. Indicadores de desempeño de la Sunass

Código.	OEI	Indicador	Objetivos				
			2020	2021	2022	2023	2024
OEI.01	Reforzar la prestación de servicios de saneamiento para el usuario				81.41%	83.96%	84.01%
		Porcentaje de prestadores de servicio en las zonas rurales con gestión eficiente	25.05%	25.88%	26.72%	27.56%	28.41%
OEI.02	Consolidar la descentralización de las funciones de la SUNASS	Porcentaje de ODS que muestran un desempeño óptimo en el desempeño de funciones descentralizadas	70%	80%	90%	100%	100%
OEI.03	Mejorar la percepción y la valoración de los servicios de saneamiento por parte de los usuarios	Porcentaje de usuarios que valoran la importancia de contar con servicios de saneamiento	3%	5%	10%	15%	10%

Código.	OEI	Indicador	Objetivos				
			2020	2021	2022	2023	2024
		Porcentaje de usuarios satisfechos con los servicios de la Sunass	50%	55%	60%	70%	75%
		Porcentaje de usuarios de los servicios de saneamiento que están dispuestos a pagar las tarifas establecidas	0%	5%	10%	15%	20%
OEI.04	Reforzar la gestión institucional	Porcentaje de clients internos satisfechos con los servicios proporcionados por los organismos competentes	60%	65%	70%	75%	80%
OEI.05	Implementar la gestión de riesgo de desastres	Porcentaje de implementación del Plan de Gestión de Riesgo de Desastres	50%	60%	70%	80%	90%

Fuente: Información proporcionada por Sunass, 2021.

La Sunass vincula los datos sobre sus objetivos estratégicos con información financiera para monitorear el costo por indicador. El monitoreo lo realizan la dirección competente y la OPPM.

Asimismo, el regulador monitorea diversos indicadores de desempeño organizacional que cubren aspectos de eficiencia y eficacia, la calidad de los procesos regulatorios y los resultados directos de las resoluciones (como el cumplimiento de estas), por ejemplo:

- Número de estudios tarifarios aprobados en el año.
- Estudio de costo por tarifa.
- Proporción de estudios tarifarios actualizados.
- Número de prestadores con estudios tarifarios vigentes.
- Número de informes de supervisión y monitoreo concluidos durante el año.
- Número de prestadores que cumplen con el envío de información periódica.
- Índice de cumplimiento de las metas de gestión establecidas en los estudios tarifarios.

Si bien no se le obliga a hacerlo por ley, la Sunass elabora un informe anual. El más reciente se preparó en 2019. El regulador también informa sobre su desempeño a varias entidades del gobierno central. Por ejemplo, informa al MEF sobre la implementación de recomendaciones para la ejecución presupuestaria de la CGR, e informa sobre planes estratégicos y operativos e indicadores de desempeño a la PCM, entre otros.

No se establece obligación alguna de presentar informes sobre desempeño al Congreso de manera sistemática. Sin embargo, todos los años la Sunass informa sobre su gestión, sus logros y dificultades a dos comisiones del Congreso: la Comisión de Vivienda y Construcción, y la Comisión de Defensa del Consumidor y Organismos Reguladores de los Servicios Públicos. También contesta solicitudes de información y consultas del Congreso con regularidad. Por ejemplo, dichas comisiones convocaron a la Sunass a realizar presentaciones sobre temas específicos, como actualizaciones de tarifas o problemas del sector.

Notas

[1] https://www.sunass.gob.pe/sunass/quienes-somos/.

[2] Los MERESE —semejante al concepto de Pagos por Servicios Ecosistémicos (PSE)— se orienta a movilizar fondos desde los usuarios finales, mediante un porcentaje de la tarifa del agua, hasta los proveedores de agua originales para la conservación de los recursos hídricos y de las cuencas de donde proceden. Fuente: https://iwa-network.org/mechanisms-of-rewards-for-ecosystem-services-mrse/.

[3] https://busquedas.elperuano.pe/normaslegales/decreto-legislativo-que-regula-el-regimen-especial-de-monito-decreto-legislativo-n-1185-1275103-1/.

[4] De conformidad con lo establecido en el párrafo 97.2 del artículo 97 del Texto Único Ordenado de la Ley de Procedimiento Administrativo (aprobado por Decreto Supremo N° 004-2019-JUS). Según el inciso g) del artículo 42 del Reglamento de Organización y Atribuciones de la Presidencia del Consejo de Ministros, aprobado por Decreto Supremo N° 022-2017-PCM, la Secretaría de la Gestión Pública es la encargada de emitir opiniones técnicas sobre cualquier conflicto de funciones.

[5] Aprobado por el Decreto Supremo N° 004-2019-JUS.

[6] El Análisis de Calidad Regulatoria es una herramienta instaurada por la PCM para que los organismos identifiquen la carga administrativa de la nueva regulación (es decir, los trámites o procedimientos requeridos). Regulación: http://www.pcm.gob.pe/wp-content/uploads/2017/08/decreto_supremo_075-2017-pcm.pdf; Directrices técnicas: http://www.pcm.gob.pe/wp-content/uploads/2017/08/manualac.pdf

[7] La cuota de contribución de la industria es aprobada por el Ejecutivo por medio de un Decreto Supremo refrendado por el Presidente del Consejo de Ministros y el MEF. Los impuestos de promoción se refieren al Impuesto de Promoción Municipal mencionado en la Ley Núm. 27332.

[8] Las oficinas de apoyo y asesoramiento incluyen OAF, OPPM, OAJ, OTI y OCII.

[9] A finales de 2020, el 10.53% del presupuesto total utilizado para pagos de personal en el ámbito nacional se gastó en pagos a contratistas y consultores externos.

[10] Publicado en El Peruano, 3 de octubre de 2020.

[11] Dirección del Ámbito de la Prestación de Servicios, Dirección de Políticas y Normas, y Dirección de Sanciones.

[12] Información al 12 de marzo de 2021.

[13] El Peruano, 2 de octubre de 2020: Aprobación del Grupo para la Asignación del Personal Provisional – CAP Provisional de la Superintendencia Nacional de Servicios de Saneamiento (SUNASS), Resolución Ministerial n° 277-2020-PCM, Lima.

[14] Por ejemplo, la Resolución sobre el Contrato de Concesión de Servicios de Saneamiento de los Distritos de Lima Sur no se publicó, al igual que la Resolución sobre el Contrato de Concesión de la Planta de Tratamiento de Aguas Ressiduales de Puerto Maldonado.

[15] Hasta la fecha, el único contrato que pertenece a la modalidad APP en la que la Sunass tiene responsabilidad fiscalizadora es el contrato de concesión del Sistema de Tratamiento de las Aguas Residuales de la Cuenca del Lago Titicaca. En él se establecen los asuntos sujetos a fiscalización por parte de la Sunass y se incluyen las obligaciones contractuales, jurídicas, técnicas y administrativas de conformidad con las leyes y disposiciones aplicables, incluida la fiscalización de los niveles de servicio.

[16] En consonancia con las regulaciones DS 096-2007-PC, que rigen las auditorías aleatorias posteriores de procedimientos administrativos por parte del Estado, y la Resolución del Consejo Directivo 014-2008-SUNASS-CD Directiva sobre Fiscalización Posterior de Procedimientos Administrativos de la SUNASS.

[17] De acuerdo con el Reglamento de la Calidad del Agua para Consumo Humano.

[18] Con base en la secuencia de muestreo aprobada en la Resolución núm. 015-2012-SUNASS-CD del Consejo Directivo.

[19] Se ofrecen también otros formatos de reclamos (por ejemplo, de problemas no relacionados con la facturación o con temas operativos, o solicitudes de cambio de un medidor de agua, entre otros) para descargarse de manera gratuita en el mismo sitio web.

[20] De conformidad con el Anexo 2, "*Transfer of Periodic Information from the EP to SUNASS*".

[21] Circular núm. 178-2019/SUNASS/030 (http://nube.sunass.gob.pe/index.php/s/22cqu7dusxi4eyt).

Referencias

OECD (2021), *Water Governance in Peru*, OECD Studies on Water, OECD Publishing, Paris, https://dx.doi.org/10.1787/568847b5-en. [2]

OECD (2020), *Regulatory Enforcement and Inspections in the Environmental Sector of Peru*, OECD Publishing, Paris, https://dx.doi.org/10.1787/54253639-en. [3]

OECD (2015), *The Governance of Water Regulators*, OECD Studies on Water, OECD Publishing, Paris, https://dx.doi.org/10.1787/9789264231092-en. [1]

Anexo A. Metodología

Medir el desempeño de los reguladores constituye un reto, empezando porque se debe definir qué se medirá, lidiar con factores confusos, atribuir resultados a las intervenciones y enfrentarse a la falta de datos e información. En este anexo se describe la metodología desarrollada por la OCDE para ayudar a los organismos reguladores a enfrentar estos retos por medio de un Marco para la Evaluación del Desempeño de los Reguladores Económicos (*Performance Assessment Framework for Economic Regulators,* PAFER), que conforma este estudio. El anexo muestra parte del trabajo realizado por la OCDE sobre medición del desempeño regulatorio. Luego describe las características clave del PAFER y ofrece una tipología de los indicadores de desempeño para medir insumos, proceso, rendimiento y resultados. Por último, presenta una perspectiva del criterio y las medidas prácticas tomadas para desarrollar este informe.

En este anexo se resume la metodología desarrollada por la OCDE para evaluar los acuerdos de gobernanza de las autoridades reguladoras, los factores que impulsan su desempeño, así como las matrices con que lo miden. La metodología se preparó con base en la experiencia de los reguladores integrantes de la Red de Reguladores Económicos de la OCDE y el presente estudio representa su decimotercera aplicación a un organismo regulador. Los siguientes son otros estudios que abarcan varios sectores y países: la Comisión de Regulación de Comunicaciones de Colombia (OECD, 2015[1]); la Comisión de Servicios Públicos de Letonia (OECD, 2016[2]), los tres reguladores de energía de México (OECD, 2017[3]), (OECD, 2017[4]), (OECD, 2017[5]), (OECD, 2017[6]); la Comisión de Regulación de Servicios Públicos de Irlanda (OECD, 2018[7]); el Regulador de Energía y Minería de Perú (OECD, 2019[8]); el Regulador de Telecomunicaciones de Perú (OECD, 2019[9]), el Regulador de Infraestructura de Transporte del Perú (OECD, 2020[10]) la Agencia de Protección Ambiental de Irlanda (OECD, 2020[11]), la Autoridad Reguladora de Servicios Energéticos de Portugal (OECD, 2021[12]) y la Autoridad Reguladora de la Electricidad de Brasil (OECD, 2021[13]). Desde su primera aplicación, la metodología se ha adaptado a las lecciones aprendidas a lo largo del proceso de estudio y se ajusta para tomar en cuenta las necesidades específicas y las características contextuales de cada regulador, sector y jurisdicción.

Marco analítico

El marco analítico que conforma este estudio se basa en el trabajo realizado por la OCDE al medir el desempeño regulatorio y la gobernanza de los reguladores económicos. Los países miembros de la OCDE y los reguladores han reconocido la necesidad de medir este desempeño. La información sobre este desempeño es necesaria para destinar mejor los escasos recursos y optimizar el desempeño general de las normas regulatorias y de los reguladores. Sin embargo, la medición del desempeño regulatorio puede resultar todo un desafío. Algunos de estos retos incluyen:

- *Qué medir*: los sistemas de evaluación requieren un diagnóstico de la manera en que los insumos influyen en el rendimiento y los resultados. En el caso de la política regulatoria, los insumos pueden centrarse en: i) los programas generales diseñados para promover una mejora sistemática de la calidad regulatoria; ii) la aplicación de prácticas específicas tendientes a mejorar la regulación o iii) cambios en el diseño de reglamentos específicos.
- *Factores confusos*: hay infinidad de problemas contingentes que influyen en los resultados en la sociedad a la que se prevé que afecte la regulación. Estos problemas pueden ser tan sencillos como un cambio en el estado del tiempo o tan complicados como la última crisis financiera. Por consiguiente, es difícil establecer una relación causal directa entre la adopción de mejores prácticas regulatorias y mejoras específicas en los resultados de bienestar buscados en la economía.
- *Falta de datos e información*: los países suelen carecer de datos y metodologías para identificar si las prácticas regulatorias se ejecutan correctamente y qué impacto pueden tener en la economía real.

El *Marco de la OCDE para la evaluación de la política regulatoria* (OECD, 2014[14]) aborda estos retos con una lógica de insumos-proceso-rendimiento-resultados, la que divide el proceso regulatorio en una secuencia de pasos concretos. Dicha lógica es flexible y puede aplicarse tanto a la evaluación de las prácticas para mejorar la normativa regulatoria en general, como a la evaluación de la normativa regulatoria en sectores específicos, con base en la identificación de objetivos estratégicos pertinentes. Puede adaptarse a los reguladores económicos tomando en cuenta las condiciones que respaldan su desempeño (Recuadro A A.1).

Los *Principios para las Mejores Prácticas de la OCDE en materia de Política Regulatoria: Gobernanza de Reguladores* (OECD, 2014[15]) identifica algunas de las condiciones que respaldan el desempeño de los reguladores económicos. Reconocen la importancia de evaluar la manera en que un regulador se dirige, controla, financia y se responsabiliza, con el fin de aumentar la eficacia general de los reguladores y promover el crecimiento y la inversión, incluyendo el apoyo a la competencia. Más aún, confirman el efecto positivo que el propio proceso interno del órgano regulador – cómo gestiona los recursos y qué procesos implanta para regular determinado sector o mercado – tiene en los resultados (Gráfica A A.1).

Recuadro A A.1. Secuencia lógica de insumos-proceso-rendimiento-resultados

- Paso I. Insumos: los indicadores incluyen, por ejemplo, el presupuesto y el personal del cuerpo de supervisión regulatoria.
- Paso II. Proceso: los indicadores evalúan si hay requisitos formales para buenas prácticas regulatorias. Esto incluye los requisitos para establecer objetivos, la consulta, análisis de hechos fehacientes, simplificación administrativa, evaluaciones de riesgos y armonización internacional de cambios regulatorios.
- Paso III. Rendimiento: los indicadores proporcionan información que comunica si en realidad se implementaron buenas prácticas regulatorias.
- Paso IV. Impacto del diseño en los resultados (también denominados resultados intermedios): los indicadores evalúan si las buenas prácticas regulatorias contribuyeron a mejorar la calidad de los reglamentos. Por ende, intenta crear un vínculo causal entre el diseño de la política regulatoria y los resultados.
- Paso V. Resultados estratégicos: los indicadores evalúan si se lograron los resultados deseados con la política regulatoria, tanto en función de la calidad regulatoria como de resultados regulatorios.

Fuente: (OECD, 2014[14]).

Gráfica A A.1. Principios de las mejores prácticas de la OCDE en materia de gobernanza de los reguladores

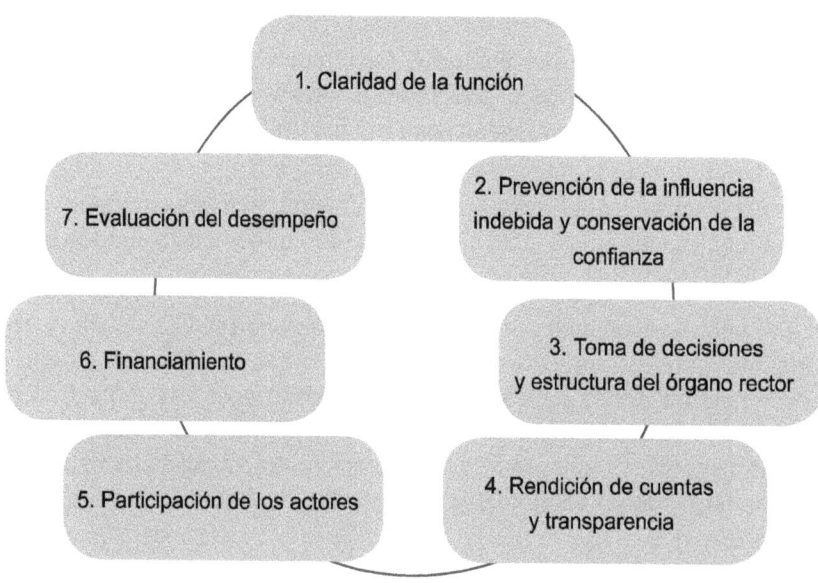

Fuente: Adaptado de (OECD, 2014[15]).

Los dos marcos se juntan en un Marco para la Evaluación del Desempeño de los Reguladores Económicos (*Performance Assessment Framework for Economic Regulators*, PAFER) que estructura los impulsores del desempeño en el marco de insumos-proceso-rendimiento-resultado (Cuadro A A.1).

Cuadro A A.1. Criterios para evaluar el propio marco de desempeño de los reguladores

Referencias	Objetivos estratégicos	Insumos	Proceso	Rendimiento y resultados
Principios de las mejores prácticas para la gobernanza de los órganos reguladores	• Claridad del rol	• Financiamiento	• Conservación de la confianza y prevención de la influencia indebida	• Evaluación de desempeño
			• Toma de decisiones y estructura del órgano rector	
			• Rendición de cuentas y transparencia	
			• Participación de los actores interesados	
¿Impulsores institucionales, organizacionales y de monitoreo?	• Objetivos y metas	• Gestión presupuestaria y financiera	• Estrategia, liderazgo y coordinación	• Estándares e indicadores de desempeño
	• Funciones y facultades	• Gestión de recursos humanos	• Estructura institucional	• Procesos e informes de desempeño
			• Sistemas de gestión y procesos operativos	• Retroalimentación o evidencia externa del desempeño
			• Relaciones y contactos con los órganos de gobierno, las entidades reguladas y otros actores interesados clave	
			• Herramientas de gestión regulatoria	

Fuente: Análisis OCDE.

Indicadores de desempeño

Para los reguladores, los indicadores de desempeño necesitan ser adecuados para la evaluación del desempeño, la cual es una valoración analítica, sistemática, de las actividades del órgano regulador con el fin de buscar la confiabilidad y funcionalidad de sus actividades. La evaluación del desempeño no es una auditoría que juzga cómo llevan a cabo su misión los empleados y directores, ni un control que haga énfasis en el cumplimiento de las normas (OECD, 2004[16]).

Por consiguiente, los indicadores de desempeño necesitan evaluar el uso eficiente y eficaz de los insumos de un regulador, la calidad de los procesos regulatorios e identificar el rendimiento y algunos resultados directos que puedan atribuirse a las intervenciones del regulador. Los resultados más amplios deberán servir como "atalaya" que proporciona la información que el regulador puede utilizar para identificar las áreas problemáticas, orientar las decisiones e identificar las prioridades (Gráfica A A.2).

Gráfica A A.2. Marco de insumos-proceso-rendimiento-resultados para los indicadores de desempeño

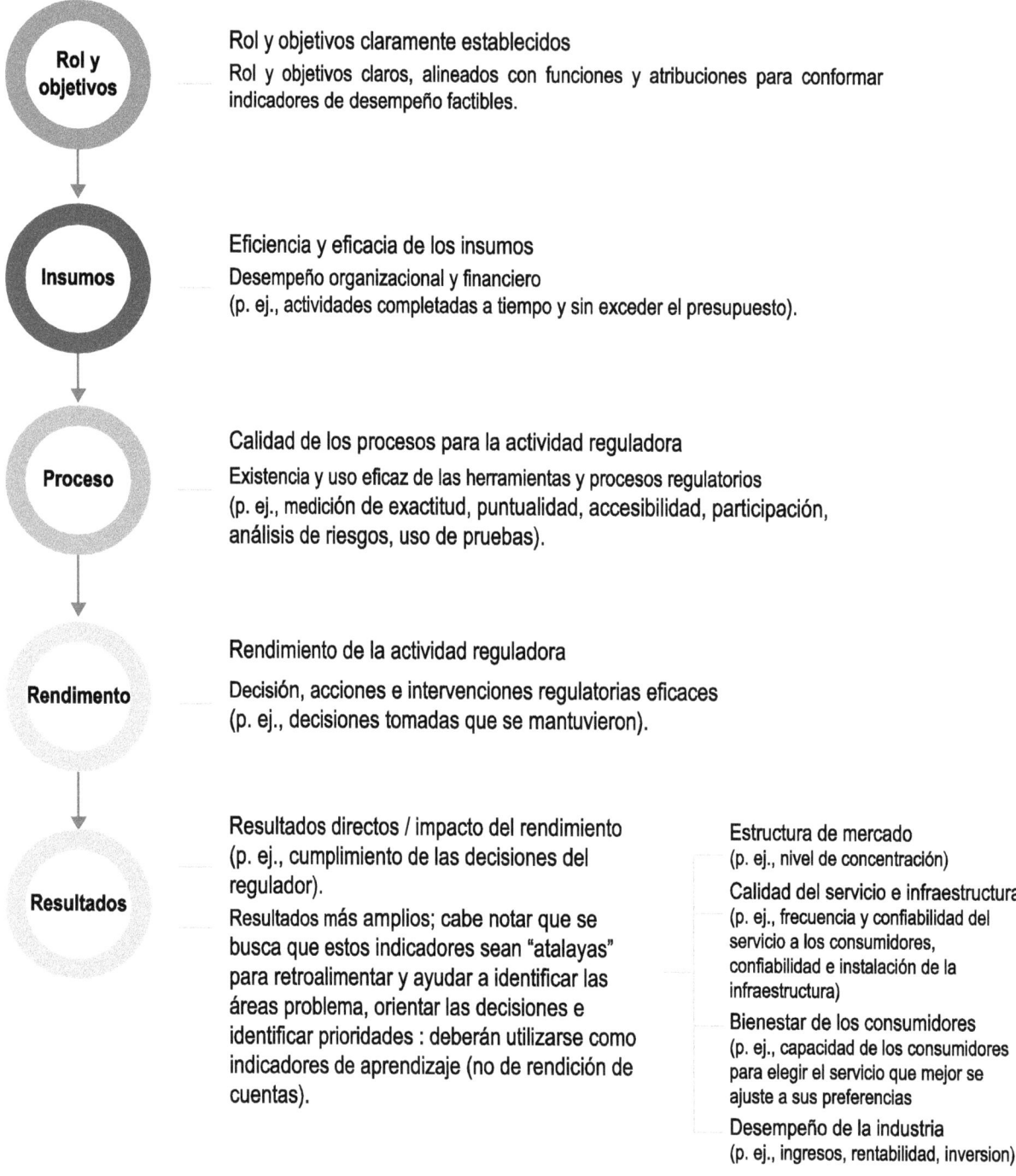

Notas: Este marco fue propuesto en la metodología inicial para el Marco para la Evaluación del Desempeño de los Reguladores Económicos (Performance Assessment Framework for Economic Regulators, PAFER) analizado con la Red de Reguladores Económicos (Network of Economic Regulators, NER) de la OCDE. Se afinó para reflejar la retroalimentación de los miembros de la NER y la experiencia de otros reguladores en la evaluación de su propio desempeño.
Fuente: (OECD, 2015[17]), Driving Performance at Colombia's Communications Regulator, gráfica 3.3 (actualizado en 2017), http://dx.doi.org/10.1787/9789264232945-en.

Criterio

El marco analítico presentado con anterioridad sustentó la recopilación de datos y el análisis presentado en el informe. En el presente informe se analizan los mecanismos de gobernanza interna y externa de la Superintendencia Nacional de Servicios de Saneamiento (Sunass) del Perú en las siguientes áreas:

- *Función y objetivos:* Verificar que se cuente con un conjunto de objetivos, metas o propósitos claramente identificados y congruentes con las funciones y competencias del regulador, que puedan fundamentar el desarrollo de indicadores de desempeño viables
- *Aportación:* Determinar en qué medida el financiamiento y la asignación de personal al regulador armonizan con sus objetivos, metas o propósitos, así como la capacidad del regulador para gestionar los recursos financieros y humanos de forma autónoma y eficaz
- *Proceso:* Evaluar la medida en que los procesos y la gestión organizativa apoyan la actuación del regulador
- *Productos y resultados:* Verificar que se evalúe con periodicidad el rendimiento de las entidades reguladas, el impacto de las decisiones y actividades del regulador, y el grado en que dichas mediciones se utilizan de manera adecuada

Los datos que documentaron el análisis presentado en el informe se recogieron por medio de un estudio preliminar, dos misiones de investigación y una misión de pares:

- *Cuestionario y estudio preliminar:* La Sunass contestó un cuestionario detallado que sirvió como base para la realización de un estudio preliminar por parte del Secretariado de la OCDE. Dicho Secretariado analizó la legislación vigente y los documentos de la Sunass para recabar información sobre el funcionamiento de jure del regulador y para sustentar las misiones de investigación. El cuestionario se adaptó específicamente para la Sunass, a partir de la metodología que la OCDE ha aplicado a otros reguladores desde 2015 y de la participación de la Sunass en anteriores investigaciones de la OCDE, como el libro *La gobernanza del agua en Perú*, publicado en 2021.
- *Misiones de investigación:* Entre el 3 y el 11 de junio de 2021, el Secretariado de la OCDE llevó a cabo la primera misión de investigación, con el objetivo de reunirse con los equipos internos de la Sunass. La segunda misión de investigación, que tuvo lugar entre el 21 de junio y el 25 de junio de 2021, se orientó principalmente a reunirse con las partes interesadas externas. Las misiones fueron la herramienta clave para recopilar y completar la información de jure obtenida vía el cuestionario con la situación de facto. El trabajo de las misiones de investigación adaptó la metodología del Marco para la Evaluación del Desempeño de los Reguladores Económicos de la OCDE (PAFER, por siglas en inglés) a las características de la Sunass. La información recogida se completó y se verificó con la Sunass para comprobar su exactitud. Ambas misiones fueron virtuales debido al contexto de la pandemia de COVID-19.
- *Misión de pares:* La misión de pares tuvo lugar entre el 6 y el 10 de septiembre de 2021 y contó con pares evaluadores de Italia, Portugal y Estados Unidos, además del Secretariado de la OCDE. Los integrantes de esta misión se reunieron con las principales partes interesadas, tanto en las instalaciones de la Sunass como fuera de ellas. Al final de la misión, el equipo, junto con la alta dirección de la Sunass, analizó las conclusiones y recomendaciones preliminares para comprobar su viabilidad. La misión se realizó a distancia por videoconferencia.

Durante las misiones de investigación y la de pares, el equipo trabajó con el equipo directivo de la Sunass, así como con varios miembros de su personal. Asimismo, se reunió con representantes de instituciones gubernamentales y partes interesadas externas, entre ellas las siguientes:

- Presidencia del Consejo de Ministros (PCM)

- Ministerio de Vivienda, Construcción y Saneamiento (MVCS)
- Dirección General de Asuntos Ambientales (DGAA)
- Ministerio del Ambiente (MINAM)
- Ministerio de Desarrollo e Inclusión Social (MIDIS)
- Autoridad Nacional de Agua (ANA)
- Organismo Técnico de la Administración de los Servicios de Saneamiento (OTASS)
- Agencia de Promoción de la Inversión Privada (ProInversión)
- Instituto Nacional de Defensa de la Competencia y de la Protección de la Propiedad Intelectual (INDECOPI)
- Autoridades Técnicas Municipales (ATMs) de Cuzco y Los Baños del Inca
- Gobierno Regional de Vivienda, Construcción y Saneamiento de Arequipa, Ayacucho y Tumbes
- Comisión de Vivienda, Construcción y Saneamiento del Congreso de la República
- Sedapal
- EMAPA Chancay
- Asociación Nacional de Prestadores de Servicios de Saneamiento del Perú (ANEPSSA)
- Juntas Administradoras de Servicios de Saneamiento (JASS) de Namora, San José y Santo Tomás
- Representantes de los Consejos de Usuarios (Este, Lima y Sur)
- Banco Mundial.

Referencias

OECD (2021), *Driving Performance at Brazil's Electricity Regulatory Agency*, The Governance of Regulators, OECD Publishing, Paris, https://dx.doi.org/10.1787/11824ef6-en. [13]

OECD (2021), *Driving Performance at Portugal's Energy Services Regulatory Authority*, The Governance of Regulators, OECD Publishing, Paris, https://dx.doi.org/10.1787/05fb2fae-en. [12]

OECD (2020), *Driving Performance at Ireland's Environmental Protection Agency*, The Governance of Regulators, OECD Publishing, Paris, https://dx.doi.org/10.1787/009a0785-en. [11]

OECD (2020), *Driving Performance at Peru's Transport Infrastructure Regulator*, The Governance of Regulators, OECD Publishing, Paris, https://dx.doi.org/10.1787/d4ddab52-en. [10]

OECD (2019), *Driving Performance at Peru's Energy and Mining Regulator*, The Governance of Regulators, OECD Publishing, Paris, https://dx.doi.org/10.1787/9789264310865-en. [8]

OECD (2019), *Driving Performance at Peru's Telecommunications Regulator*, The Governance of Regulators, OECD Publishing, Paris, https://dx.doi.org/10.1787/9789264310506-en. [9]

OECD (2018), *Driving Performance at Ireland's Commission for Regulation of Utilities*, The Governance of Regulators, OECD Publishing, Paris, http://dx.doi.org/10.1787/9789264190061-en. [7]

OECD (2017), *Driving Performance at Mexico's Agency for Safety, Energy and Environment*, The Governance of Regulators, OECD Publishing, Paris, https://dx.doi.org/10.1787/9789264280458-en. [6]

OECD (2017), *Driving Performance at Mexico's Energy Regulatory Commission*, The Governance of Regulators, OECD Publishing, Paris, https://dx.doi.org/10.1787/9789264280830-en. [4]

OECD (2017), *Driving Performance at Mexico's National Hydrocarbons Commission*, The Governance of Regulators, OECD Publishing, Paris, https://dx.doi.org/10.1787/9789264280748-en. [5]

OECD (2017), *Driving Performance of Mexico's Energy Regulators*, The Governance of Regulators, OECD Publishing, Paris, https://dx.doi.org/10.1787/9789264267848-en. [3]

OECD (2016), *Driving Performance at Latvia's Public Utilities Commission*, The Governance of Regulators, OECD Publishing, Paris, https://dx.doi.org/10.1787/9789264257962-en. [2]

OECD (2015), *Driving Performance at Colombia's Communications Regulator*, OECD Publishing, Paris, https://dx.doi.org/10.1787/9789264232945-en. [17]

OECD (2015), *Driving Performance at Colombia's Communications Regulator*, OECD Publishing, Paris, https://dx.doi.org/10.1787/9789264232945-en. [1]

OECD (2014), *OECD Framework for Regulatory Policy Evaluation*, OECD Publishing, Paris, https://dx.doi.org/10.1787/9789264214453-en. [14]

OECD (2014), *The Governance of Regulators*, OECD Best Practice Principles for Regulatory Policy, OECD Publishing, Paris, https://dx.doi.org/10.1787/9789264209015-en. [15]

OECD (2004), *The choice of tools for enhancing policy impact: Evaluation and review*, http://www.oecd.org/officialdocuments/publicdisplaydocumentpdf/?cote=gov/pgc(2004)4&doclanguage=en. [16]

www.ingramcontent.com/pod-product-compliance
Ingram Content Group UK Ltd.
Pitfield, Milton Keynes, MK11 3LW, UK
UKHW051441180526
12546UKWH00010B/95